ORIGINE ET DÉVELOPPEMENT

DU RÉGIME

DE LA COMMUNAUTÉ DES BIENS

ENTRE ÉPOUX

PAR

M. F. DE CARDAILLAC

Procureur de la République à Oran. 

« A chaque pas que l'homme a fait vers la
« civilisation, la femme a fait un pas vers
« l'égalité avec l'homme. Cette égalité, elle
« l'a conquise ou la conquerra dans l'ordre
« civil. »

M. RATHERY.

« L'égalisation graduelle des deux sexes
« dans l'ordre civil est une des grandes lois
« du progrès social. »

M. GIDE.

PARIS

IMPRIMERIE ET LIBRAIRIE GÉNÉRALE DE JURISPRUDENCE

MARCHAL, BILLARD & Cie, IMPRIMEURS-ÉDITEURS

LIBRAIRES DE LA COUR DE CASSATION

27, PLACE DAUPHINE, 27

1887

A

M. H. LESPINASSE

ANCIEN 1er AVOCAT GÉNÉRAL A PAU

PRÉSIDENT DE CHAMBRE HONORAIRE

OFFICIER DE LA LÉGION D'HONNEUR

Totum muneris hoc tui est;
Quod spiro et placeo, si placeo, tuum est.

HOR., odes IV, 3.

ORIGINE ET DÉVELOPPEMENT

DU RÉGIME

DE LA COMMUNAUTÉ DES BIENS

ENTRE ÉPOUX

PAR

M. F. DE CARDAILLAC

Procureur de la République à Oran, 

> « A chaque pas que l'homme a fait vers la
> « civilisation, la femme a fait un pas vers
> « l'égalité avec l'homme. Cette égalité, elle
> « l'a conquise ou la conquerra dans l'ordre
> « civil. »
> M. Rathery.

> « L'égalisation graduelle des deux sexes
> « dans l'ordre civil est une des grandes lois
> « du progrès social. »
> M. Gide.

PARIS

IMPRIMERIE ET LIBRAIRIE GÉNÉRALE DE JURISPRUDENCE

MARCHAL, BILLARD & Cie, IMPRIMEURS–ÉDITEURS

LIBRAIRES DE LA COUR DE CASSATION

27, PLACE DAUPHINE, 27

1887

Le lien qui unissait les membres de la famille antique était le culte du Foyer [1], dont la divinité demeurait toujours présente à l'homme comme sa conscience même.

Le foyer domestique était un asile sacré, un sanctuaire inviolable : là, se trouvaient les dieux Pénates ; là, s'accomplissaient les sacrifices. Aussi la famille, que les Grecs appelaient εφιστιον *(ce qui est auprès du foyer),* était-elle moins une « *association de nature* » qu'une association religieuse.

Le père y était, à la fois, maître et pontife ; biens et personnes dépendaient de lui, il en disposait à son gré. Mais, disons-le bien vite, si le pouvoir du père et de l'époux n'a jamais été en aucun temps plus absolu et plus illimité, jamais aussi les liens sacrés du foyer domestique et l'esprit de famille n'ont été plus puissants, pour contenir et tempérer ce pouvoir.

L'épouse avait une place d'honneur près du foyer ; elle était entourée de vénération et portait le même titre que son mari : les Romains disaient *Paterfamilias* et *Materfamilias ;* les Grecs οικοδεσποτης et οικοδεσποινα ; les Indous : *Grihapati, Grihapatni* [2].

Toutefois dans ces temps antiques, où toutes les

---

(1) *Quid est sanctius, quid omni religione munitius quàm domus unius cujusque civium ?* (Cic. *Pro Domo* XLI).

(2) M. F. DE COULANGES. — *Cité antique.*

croyances religieuses et le droit s'accordaient à considérer la femme comme toujours mineure, sa situation était bien, dans la famille, telle que la dépeint Denys d'Halicarnasse : « *En obéissant en tout à son* « *mari, la femme était la maîtresse de la maison* « *comme lui-même.* » (1)

I. — En Orient, les mœurs permettent la pluralité des femmes ; aussi la femme se trouve-t-elle, à l'égard de l'homme, dans une position fortement marquée d'infériorité, et la condition de l'épouse y est-elle à peine supérieure à celle de l'esclave.

Tous les codes qui se sont succédé en Orient, depuis le *Mânava-Dharma-Sastrâ* (2), jusques au *Koran* (3), sont considérés par ces peuples comme des révélations divines; or le droit y était absolument religieux, et la femme, en passant sous la puissance du mari, restait néanmoins placée sous la protection de la loi religieuse.

Ainsi la loi de Manou a pour les femmes des paroles absolument évangéliques : « *Ne frappez,* « dit-elle, *même avec une fleur, une femme chargée*

---

(1) DENYS D'HALICARNASSE. — II, 25.

(2) *Livre des lois du genre humain,* plus connu sous la dénomination des *lois de Manou.*

(3) *Coran,* livre qui contient la loi religieuse de Mohamed. Étym. arabe, *Korân,* du verbe *karn,* lire : la lecture par excellence, comme nous disons la *Bible,* l'*Écriture,* en attachant à ces mots un sens de respect.

« *de fautes ; partout où la femme est honorée, les*
« *divinités sont satisfaites.* » (1) Les Brahmanes décla-
rent que : « *Le mari ne fait qu'une seule personne*
« *avec son épouse.* » (2) « *Les maris sont supérieurs*
« *à leurs femmes,* dit le Coran ; *mais Dieu est puissant*
« *et sage.* » (3) « *Qui franchit les bornes de Dieu, est*
« *injuste.* » (4)

Mais à côté de ces maximes, fruits d'une législation
panthéiste, qui divinisait la femme comme elle divinisait
toute chose, nous en rencontrons qui la rabaissent
ou l'annihilent, comme celles-ci : « *Les femmes sont*
« *la fausseté elle-même.* » (5) — « *Vous battrez votre*
« *épouse irrespectueuse, si vous pensez que ce moyen*
« *violent puisse être utile à la ramener au bien..* » (6)

C'est pourquoi l'homme, chef naturel de la famille,
dans la conscience de sa supériorité, s'attribuait
tous les droits et se réservait tous les biens ; la
femme faisait partie de ces biens, puisqu'elle était
achetée et vendue comme une marchandise. L'achat
est, d'ailleurs, dans toute polygamie, la forme sous
laquelle se conclut le mariage. Les effets de la polygamie devaient être naturellement l'asservissement de

---

(1) *Lois de Manou,* II 138-139.
(2) Voir également la *Genèse,* II, verset 24, *Et erunt duo in carne unâ.*
(3) *Sourat,* verset 228.
(4) *Sourat,* verset 229.
(5) *Lois de Manou,* XI 66, V 148.
(6) KHALIL. — *Autorité maritale.*

la femme, son abaissement moral et son incapacité civile. Dans le mariage monogame seul, la femme peut se faire reconnaître par l'homme comme un être indépendant, pouvant avoir, comme lui, ses droits dans la famille.

L'égalité des deux sexes étant une idée étrangère aux peuples polygames, la communauté des biens était impossible, sous un tel régime (1).

II. — Aristote nous apprend que les trois classes de personnes qui ne sont rien par elles-mêmes, et qui ont besoin d'être gouvernées sont : « *L'esclave* « *qui n'a pas de volonté; l'enfant, qui en a une, mais* « *incomplète, et la femme, dont la volonté est impuis-* « *sante.* » (2)

Cette infériorité, qui faisait de la femme un être absolument passif, venait de ce que les Grecs considéraient la femme comme privée de capacité juridique, à cause de la faiblesse même de sa nature et aussi par suite de cette croyance des âges primitifs, — dont le droit grec avait conservé quelques vestiges, — que le pouvoir reproducteur résidait exclusivement dans

---

(1) Le mari, même esclave, dit Sidi KHALIL, a le droit d'interdire à sa femme d'employer plus du tiers de ce qu'elle a en œuvres bénévoles. Le mari, en droit musulman, achète sa femme et n'est que le mandataire de celle-ci. Selon le droit judaïco-rabbinique, encore en vigueur, tous les acquêts de la femme, pendant le mariage, sont considérés comme appartenant au mari.

(2) *Polit.*, I, 5.

le père, et que, seul, il transmettait l'étincelle de vie (1).

Il faut toutefois reconnaître que c'est en Grèce que se développa l'idée d'une personnalité libre. On ne saurait établir aucune analogie entre le sort de la femme grecque et celui de la femme en Orient : ce serait méconnaître le caractère éminemment généreux du peuple grec, qui traitait avec douceur jusqu'à ses esclaves (2). S'il entourait la femme d'une étroite surveillance, ce n'était pas avec la défiance outrageuse du despotisme oriental, mais avec la sollicitude affectueuse qu'on a pour un enfant, incapable de se suffire à lui-même (3).

Cette incapacité de la femme était établie dans son intérêt même; elle était un privilège, comme chez nous celle du mineur.

Le mariage grec était monogame; mais il permettait à l'homme marié l'usage des concubines (παλλαχες). C'était par la dot (προῖς) (4) que l'épouse se distinguait des concubines; le mari achetait celles-ci, et cet achat leur faisait une condition, à tous égards, inférieure à celle de l'épouse légitime.

On le comprend, dans la monogamie grecque,

(1) *Cité antique.*
(2) DEMOSTH. — *Olynthienne*, III, 2.
(3) M. GIDE. — *De la condition de la femme.*
(4) Δος προῖς φερνη.

l'épouse ne pouvait être l'égale du mari : elle ne faisait pas avec lui un seul être moral; son mari devenait pour elle ce qu'était son père : un protecteur responsable de sa personne, un administrateur comptable de ses biens.

La femme n'avait aucun droit sur les biens de la masse; les acquêts faits pendant le mariage appartenaient au mari. Toutefois la propriété privée de l'épouse, sa dot ($\pi\rho o \ddot{\iota}\varsigma$), que le mari administrait, revenait intégralement, — ou tout au moins sa valeur — à la veuve ou aux héritiers de celle-ci, à la dissolution du mariage.

Pour les Grecs, comme pour les Orientaux, la communauté des biens entre époux était un régime en opposition avec leurs mœurs et leurs idées.

III. — Des jurisconsultes [1] ont signalé certaines dispositions du droit Romain, comme présentant une analogie lointaine avec le régime de la communauté des biens. Cette opinion n'a jamais fait l'objet d'une discussion sérieuse : la femme Romaine a été tour à tour trop esclave, ou trop indépendante, pour mériter l'honneur, ou subir les devoirs, que devait lui créer le titre d'associée.

Si nous examinons le vieux droit de Romulus,

[1] GIRAUD. — *Essai sur l'histoire du droit français*, T. 1, P. 56.

rappelé et confirmé par les lois des XII Tables, nous voyons le père *(Paterfamilias)* (1) exercer, en même temps qu'un pouvoir absolu sur tous les membres de la famille, le *Dominium* sur tout ce que ceux-ci pouvaient acquérir. La capacité civile de tous les membres de la famille était comme concentrée dans le *Paterfamilias ;* lui seul jouissait d'une indépendance absolue *(sui juris),* possédait des droits par lui-même, tandis que les autres n'en avaient que par lui.

La puissance absolue du chef de la famille était une nécessité politique ; il en résultait que le mariage, chez les Romains, ne pouvait être l'association de deux personnes égales.

La monogamie a été, dès l'origine, le principe et l'essence du mariage, à Rome ; mais elle était plus pure que la monogamie grecque, car les mœurs romaines repoussaient la cohabitation simultanée du mari avec son épouse et des concubines (2).

A ce titre aussi, le mariage des Romains reposait sur des notions morales plus pures que les unions polygames de l'Orient. Néanmoins, il avait avec ces dernières de frappantes analogies, puisqu'il reconnaissait que la femme n'était pas un être indépendant,

---

(1) L. 16, § 3, D. 34, 1, *Digeste.* V. Bouhier, *Cout. de Bourg,* VI, page 179, n° 137. — Brisson : *opera varia de riptu nupt.* — Hotman, *Ant. Rom.,* I, 16 (VIII, p. 416).— *Familia,* primitivement *Famulia,* vient de Famulus, esclave.

(2) *Paulli. sent. receptœ,* II, 20. *Eo tempore, quo quis uxorem habet, concubina habere non potest.*

qu'elle était totalement subordonnée à son mari, et que, par suite de la *conventio in manum*, elle était incapable par elle-même, d'aucun droit de propriété, ainsi que d'une participation quelconque aux biens communs.

Les textes législatifs nous représentent la femme comme une véritable esclave, sur laquelle le mari avait droit de vie et de mort (1). Toutefois les mœurs corrigeaient ce que les lois avaient de trop dur et de trop inexorable, et c'est, avec raison, que Tacite dit que : « *les bonnes mœurs étaient plus puissantes* « *chez les anciens Romains, que ne le sont ailleurs* « *les bonnes lois.* »

L'épouse était appelée à partager les honneurs et la dignité du foyer et était décorée par le mariage civil *(justis nuptiis),* du titre de *Materfamilias,* dont elle avait alors toutes les vertus domestiques (2) ; mais elle était sous la puissance maritale *(in manu mariti)* et la *Manus,* puissance à peu près analogue à la *patria potestas,* avait pour effet de la priver de toute capacité civile, comme étant complètement *non sui juris.* Il y avait absorption de son patrimoine par son mari, et les acquêts, même faits pendant le mariage, étaient la propriété exclusive de l'époux.

(1) Egnatius Metellus, sous Romulus, tua sa femme, qui s'était enivrée, et cet acte fut approuvé de tous, comme un salutaire exemple.

(2) Lucrèce, Virginie, Vésurie et Cornélie sont des exemples frappants de l'influence que la femme exerçait alors à Rome.

Le régime de la communauté était donc incompatible avec l'idée de la *Manus* et ne pouvait trouver place dans un tel système, qui a persisté durant les quatre premiers siècles de Rome.

*\
* *

Dès la fin de la République, le mariage *in manu* disparut insensiblement des mœurs et fut remplacé par le mariage libre. « *On avait organisé la tyrannie,* « dit Troplong, *on recueillit la licence.* » (1) La dissolution commença à se produire ; les liens domestiques se relâchèrent et l'autorité maritale ne put plus avoir de force là où les mœurs n'existaient plus.

Par le mariage libre *(usucapione per usum),* qui n'exigeait pour toute solennité que le simple consentement des époux *(mero consensu),* la femme n'était désormais unie à son mari, que par la seule cohabitation. Elle restait sous la puissance de son père, qui pouvait la contraindre même à divorcer malgré elle, et, à défaut du père, sous la tutelle des agnats.

---

(1) TROPLONG. — Préface du *Contrat de mariage,* pages 49 et suiv.

Les époux devinrent étrangers l'un à l'autre ; les divorces se multiplièrent, ce qui fit dire à Sénèque que : « *certaines femmes comptaient leurs années,* « *non par le nombre des consuls, mais par le nom-* « *bre de leurs maris.* » (1)

Les femmes conservèrent leur patrimoine, dont elles abusèrent souvent, si l'on en croît les diatribes du vieux Caton, pour se livrer à tous les excès d'un luxe effrené (2).

L'épouse peut prêter de l'argent à son mari, moyennant intérêt et le faire ensuite poursuivre par l'esclave paraphernal. Ce trait de mœurs est des plus caractéristiques et la séparation du patrimoine y est prise sur le vif.

Le mariage libre laissait la femme sous la tutelle complaisante des siens, dépouillant le mari de la *manus.* Celui-ci n'avait plus le moindre droit sur les biens de son épouse, ni sur les revenus de ses apports.

Le mariage libre, — qui se rapprochait du concubinage païen, — se dissolvait aussi facilement qu'il se contractait, par un consentement mutuel *(mero consensu),* pur et simple. Le divorce était ainsi facilité

______

(1) « *Quotidiana repudia.* » SÉNÈQUE, *De provid.*, C. 3.
(2) *C'est un fléau qu'une femme opulente.* SÉNÈQUE, *Controv.*. I, VI, 5. — Loi Appici. — Lois somptuaires. — Loi Voconienne.

par les patrimoines distincts, dont chacun des époux conservait la propriété exclusive.

Le régime de la communauté ne pouvait s'accommoder avec le mariage libre, qui emportait, pour la femme, une si complète indépendance du mari. D'autre part, l'indépendance réciproque des époux devait nécessairement se manifester dans le régime de leurs biens.

Il ne pouvait logiquement sortir de ces diverses transformations, un autre régime que le régime dotal.

****

A certaines époques de l'antiquité, tandis que les peuples paraissaient avoir atteint l'apogée du perfectionnement des lois et de la civilisation, nous voyons la condition de la femme rester d'abord stationnaire et finir par décliner. C'est que, dans les sociétés païennes, la Religion disparaissant du sein des masses, la philosophie devenait l'apanage de quelques-uns. Le progrès était donc l'œuvre de la philosophie, dont l'étude était fermée à la femme, vouée comme le bas peuple à l'ignorance et aux superstitions.

L'émancipation de la femme rencontrait cet obstacle et celui bien plus puissant encore des tendances matérialistes du paganisme. Ainsi pour les législations de l'antiquité, même jusqu'aux derniers jours du paganisme, le rôle de la femme se bornait à donner à l'homme une postérité. Ce principe était consacré par la religion et par les lois : de là, l'obligation du législateur de favoriser les répudiations et la polygamie.

IV. — « *Les Germains,* dit Tacite, *bien* « *différents de la plupart des autres barbares, se* « *contentent d'une seule femme ; et si quelques* « *nobles,* (1) *en très petit nombre, s'écartent de l'u-* « *sage national, la passion n'y entre pour rien : ils* « *ne font que céder à l'empressement de plusieurs* « *familles qui briguent leur alliance.* »

La loi, désobéie par les plus forts, n'en existait pas moins dans les consciences et les mœurs de ces hommes. En indiquant aux époux toute l'étendue de leurs droits, elle savait aussi les maintenir dans leurs devoirs : le premier de ces devoirs était une

(1) *Exceptis admodum paucis qui non libidine, sed ob nobilitatem, plurimis nuptiis ambiuntur* — (TACITE, mœurs des Germains. Chap. XVIII. MÉNANDRE en porte le nombre jusqu'à douze — *Undecimam quin duodecimam plerique ducunt*).

fidélité réciproque. « *La femme germaine,* dit encore
« Tacite, *n'a qu'un seul mari, comme elle n'a qu'un*
« *seul corps et une seule vie.* » (1)

L'auteur de l'*Esprit des Lois* explique la monogamie chez ces peuples par l'influence du climat :
« *Dans les pays tempérés,* dit-il, *où les agréments*
« *des femmes se conservent mieux, où elles sont*
« *plus tard nubiles, où elles ont des enfants dans*
« *un âge plus avancé, la vieillesse de leurs maris*
« *suit en quelque façon la leur ; et comme elles ont*
« *plus longtemps vécu, il a dû naturellement s'in-*
« *troduire une espèce d'égalité entre les deux sexes*
« *et par conséquent la loi d'une seule femme.* » (2)

Comme on le voit, d'après ces derniers mots, l'égalité des deux sexes a pour conséquence la monogamie. Cette loi est universelle et primordiale.

Montaigne a aussi remarqué leur tempérance :
« *Les Germains estimaient à extrême reproche d'a-*
« *voir en accointance des femmes avant l'âge de*
« *vingt ans, et ils recommandaient singulièrement*
« *aux hommes de conserver leur pucelage, d'au-*
« *tant que les courages s'amollissent et se diver-*
« *tissent par l'accouplement des femmes.* »

Tacite en avait dit : *Sera juvenum Venus.*

---

(1) TACITE. *Mœurs des Germains.* Chap. XIX.
(2) MONTESQUIEU. *Esprit des Lois,* L. XVI, Chap. 2, § 2.

*
* *

Cependant la raison du climat n'était pas la seule qui poussait les Germains à n'épouser qu'une femme.

Ils avaient pour elle un culte profond, que Tacite signale comme un des caractères particuliers de la Germanie primitive.

Ce n'est pas seulement à la compagne de leur foyer, à la mère de leurs enfants, que s'adresse leur respect, c'est à la femme elle-même. « *Le « Germain*, dit Henri Martin, *respecte surtout dans « la femme, d'une part, l'être qui porte le guerrier « dans ses flancs, d'autre part, l'être qui, par son « exaltation nerveuse et ses vives intuitions, sem- « ble plus apte que l'homme à communiquer, dans « l'extase, avec les puissances mystérieuses.* » (1)

Ce culte respectueux de la femme, ce sentiment si noble, si délicat qui, en exaltant la femme, a ennobli l'homme lui-même, qui a inspiré l'héroïsme

(1) HENRI MARTIN. *Histoire de France*, vol. I, page 209.

chevaleresque du moyen-âge, qui fait aujourd'hui l'ornement et le charme des sociétés polies, c'est dans les forêts de la Germanie qu'il a pris naissance. (1)

Les Germains considéraient la femme comme une sorte de divinité, et à cette croyance se joignait, chez la femme, un sentiment très prononcé de ses devoirs et de la mission qu'elle était appelée à remplir.

La femme germaine n'était pas, comme la femme grecque, reléguée au fond d'un gynécée : les Germains l'associaient à leurs périls ; ils l'appelaient à toutes leurs fêtes.

La femme germaine était, autant et peut-être plus que l'homme germain, attachée à l'indépendance nationale : ne partageait-elle pas avec son père, avec son mari, avec ses enfants, les expéditions aventureuses, les fatigues des camps et les dangers de la guerre ? « *Cibosque et hortamina pugnantibus gestant.* » (2)

Accompagné de sa femme ou de sa sœur, le guerrier allait au combat avec plus d'ardeur et de confiance, et, sur le point de périr, il s'imaginait que son nom, murmuré tout bas, suffirait pour attirer sur lui la faveur des dieux, et le sauver du danger.

(1) GIDE. *Condition privée de la femme*, L. II. Chap. III.
(2) TACITE, chap. VII et VIII.

Il n'est pas étonnant que ces peuples aient eu pour la femme cette considération (1), qu'ils l'aient appelée dans le « conseil » (2), et l'aient regardée comme un oracle.

*
* *

Cet état primitif ne s'altéra pas sensiblement, à mesure que ces peuples firent quelques pas dans la voie de la civilisation : « *Alors*, dit Tacite, *chaque* « *groupe cultive tantôt un canton, tantôt un autre;* « *il le prend plus ou moins étendu, selon le nombre* « *des bras qui peuvent le cultiver, et toujours assez* « *vaste pour rendre facile le partage qui s'est fait* « *entre particuliers, suivant leur condition et leur* « *état. Jamais ils n'ensemencent les mêmes champs* « *deux années de suite.* » (3)

César, que Tacite appelle « *Summus auctorum* » entre dans les mêmes détails, lorsqu'il parle des

---

(1) Une fois mariées, les femmes germaines, ne mangeaient ni avec leur mari, ni avec d'autres hommes ; usage qui a été, peut-être, un des plus forts liens des mœurs antiques.

(2) *Inesse, quin etiam sanctum aliquid et providum putant ; nec tam consilia earum adspernantur, aut responsa negligunt.* TACITE, chap. VIII.

(3) *Agri pro numero cultorum, ab universis invicem occupantur, quod mox inter se, secundum dignationem partiuntur ; facilitatem partiendi camporum spatia præstant. Arva per annos mutant ; et superest ager.* TACITE, chap. XXVI.

Germains : « *Ils ne s'attachent point, dit-il, à l'agri-*
« *culture, et ils ne vivent que de lait, de fromage*
« *et de chair ; nul n'a un champ fixe qui lui appar-*
« *tienne en propre ; mais tous les ans, le magis-*
« *trat et les anciens en assignent un, où il leur*
« *plaît, à une communauté ou à une famille, à*
« *proportion des membres qui la composent, et, à l'ex-*
« *piration de l'année, il la font passer ailleurs.* » (1)

Ainsi, passant de la vie pastorale à la vie agri-
cole, les Germains conservent leurs mœurs et leur
état de peuple nomade ; et la haine des demeures
fixes allant jusqu'à la haine des maisons, qui le
distinguait dans sa première existence, le distingua
dans sa nouvelle.

Cette haine de l'habitation était telle que, loin de
conserver celles que la guerre leur livrait, ils les
détruisaient.

César donne la raison de ce partage des terres,
et explique cette haine de l'habitation construite et
permanente : *Ne assidua consuetudine capti, stu-
dium belli gerendi agricultura commutent ; — ...
ne accuratius, ad frigora atque æstus vitandos,
ædificent ; ne qua oriatur pecuniæ cupiditas.* (2)

____

(1) *Agriculturæ non student ; majorque pars victus eorum in lacte, caseo, carne consistit,* etc. CŒSAR, *Comm.* L. VI.

(2) CŒSAR. *Comm.* L. VI.

*
* *

Parmi les présents que le mari offrait à la jeune fille qu'il recherchait en mariage, Tacite nous apprend qu'on remarquait des bœufs, un cheval harnaché, une lance, une épée, et un bouclier. Ces dons faits et acceptés, le lien était sacré : *hoc maximum vinculum.*

« *Ces divers objets annoncent à la femme,* dit-il, « *que son sexe ne la dispensera point des vertus* « *mâles, des vertus guerrières.* » (1)

Mais cet attelage de bœufs, symbole universel, commun aux Romains naissants et aux Romains civilisés, chez lesquels on le retrouve dans le mot « *conjugium* », et dans les rites du mariage, également commun aux Germains représentés par les Slaves, chez lesquels on le retrouve de nos jours, dans le mot *souproug* (2) (sous le même joug, synonyme de mariage) ce symbole est celui de la vie commune.

(1) TACITE. *Mœurs des Germains,* chap. XVIII.
(2) J. DE MAISTRE. *Soirées de Saint-Pétersbourg.*

« *La femme de son côté,* ajoute Tacite, *apporte*
« *quelque arme à son mari,* » (1)

*
* *

Certains jurisconsultes, notamment M. Bimbenet,
ont cru voir dans ces mœurs de la Germanie primitive, le berceau de la communauté entre époux,
et voici comment ils raisonnent.

La haine même que les Germains portaient à l'habitation construite et permanente implique l'existence
même du régime de la communauté entre le mari et
la femme : cette vie indépendante et nomade, ces
habitudes persévérantes de transition et de voyage
devaient rendre la fortune privée sans importance,
la réduire à de simples objets mobiliers sans valeur
et, par conséquent, introduire une communauté de
coutume et de fait entre les époux.

La propriété immobilière, nous l'avons vu, n'était
pas constituée, le système monétaire était inconnu,
l'argent et l'or fort rares. La communauté, qui se

(1) TACITE. *Mœurs des Germains,* chap. XVIII.

forme sous l'influence du peu de valeur des objets usuels, d'une vie obscure, laborieuse et pauvre, devait donc, de toute nécessité, exister chez ces peuples pasteurs, nomades et guerriers. (1)

Comment donc, disent-ils, la femme germaine n'aurait-elle pas été commune avec son époux, surtout à cette époque, où la propriété n'était pas constituée, où le domicile même ne l'était pas, où la vie, vagabonde et précaire, s'alimentait au jour le jour, où l'asile de la famille était un chariot, et la maison, la voûte des forêts surmontée de la voûte du ciel? Une semblable existence n'entraîne-t-elle pas avec elle, comme conséquence forcée, la communauté la plus absolue entre l'homme et la femme? Ces *hamaxobeii* ne pouvaient pas faire deux parts distinctes....

*
* *

Lorsque l'on examine une question d'origine et qu'on traite de l'histoire d'une institution, on doit rechercher, avant tout, le germe, le principe de l'ins-

(1) TACITE, chap. V. *Proximi ob usum commerciorum aurum et argentum in pretio habent, formasque quasdam nostræ pecuniæ agnoscunt et eligunt : interiores simplicius et antiquitùs permutatione mercium utuntur.*

titution ou du régime, puis son développement. Or, si nous étudions de près les codes particuliers des diverses nations germaines et que nous cherchions à les coordonner ensemble, nous n'y trouvons que contradictions et incohérences, et il nous est impossible de préciser et de définir quelle a été, d'une façon générale et suivie, la condition privée de la femme. Nous savons seulement que son incapacité au point de vue légal était absolue. Quelques écrivains allemands acceptent cependant l'origine germanique de la communauté comme l'émanation naturelle et logique du *Mundium*.

*
* *

Il nous semble que le *Mundium* germanique ne renferme pas la source de la communauté de biens ; au contraire c'est à son influence défavorable qu'il faut attribuer cette inégalité choquante des époux associés et les droits illimités du mari au préjudice de la femme.

Le régime matrimonial que nous trouvons dans les anciens monuments législatifs des peuples germaniques, sous le nom de *Leges Barbarorum*, ou dans leurs coutumes, est sans doute plus conforme à l'essence du mariage que . le régime matrimonial chez les Romains, parce que, si on le compare à la *Manus*, on voit qu'il accorde plus de protection à la femme, et, si on le rapproche du régime dotal, il établit entre les époux une séparation moins grande d'intérêts. Assurément ce régime nuptial n'était pas l'œuvre du *Mundium* germanique, pris du moins dans sa pureté primitive, mais bien celle du *Mundium* adouci par l'influence des idées chrétiennes. Le prix du *Mundium*, — désigné dans les *Leges Barbarorum*, par une foule de termes différents, comme *Sponsalium*, (1) *dos,* (2) *pretium nuptiale* (3) *gylt,* (4) *arrha,* (5) *metha,* (6) — que le fiancé était obligé de payer pour acheter la tutelle de sa femme, de même que la donation faite par le mari *ante nuptias*, fut le germe du douaire *(doarium)* germanique.

Le Christianisme, semblable à l'arbre de Virgile, dont la cime touche aux cieux et les racines aux enfers, va croître, s'élever et s'étendre sur toutes les Gaules, et, dès les premiers Césars, gagner une

(1) ROTHSARIS, 1. 126. (*V. C. Leg. Barb.*)
(2) L. VISIG. III. 1. 4.
(3) L. BURGON. 1. 12.
(4) ETHELBERT, 1. 76.
(5) L. VISIG III, 2. 8.
(6) L. ROTHSARIS, 17. 8.

influence qui présagera son avenir. Elevant le mariage jusqu'à la dignité de sacrement, le Christianisme modifia le principe du *Mundium*, d'après les règles duquel la famille de la femme mariée sans l'achat, sans le *Pretium Nuptiale*, pouvait le revendiquer chez le mari, comme sa propriété, et marquer les enfants nés de ce mariage de l'empreinte de la bâtardise. (1) Mais, d'après la Religion et l'Eglise, ce n'est que le consentement de la fiancée qui rend le mariage parfait et abaisse les droits du père *(Mundwald)* devant le fait accompli.

Quand la nécessité de payer le prix du *Mundium* cessa d'être obligatoire (car l'Eglise protégea toujours le mariage), lorsque diminua l'importance primitive du *Mundium* paternel, c'est alors que le *Pretium Nuptiale* consacré par l'usage, devint la propriété de la femme. Le *Morgengabe* (don du matin), changea aussi sous l'influence du Christianisme, se confondit avec le *Doarium*. Quelquefois on le retrouve sous son nom de *Morgengabe;* mais, même dans ce cas, il remplit le rôle de *Doarium*. (2)

La fortune de la femme germaine, lorsqu'elle était mariée pouvait se composer : 1° de la Dot, constituée par le père ou par les parents, *Fader-*

<hr>

(1) LABOULAYE, (*Recherches sur la condition civile et politique des femmes*. Page 38).
(2) LABOULAYE, (125).

fium. 2° du *Doarium,* c'est-à-dire des biens composant la donation faite par le mari *ante nuptias,* laquelle sous l'influence des idées romaines, devint la marque caractéristique des unions légitimes; enfin 3° du *Morgengabe,* c'est-à-dire du don fait à la femme le lendemain des noces, don qu'on peut rencontrer quelquefois, indépendamment du *Doarium.*

Pendant le mariage, le mari, comme ayant le *Mundium* de la femme, en tant que maître et tuteur, disposait absolument de sa fortune, et jouait à l'égard des tiers, le rôle de propriétaire. La femme ne pouvait ni aliéner, ni faire tout autre acte juridique concernant ses biens, sans la permission du mari.

A la dissolution du mariage par la mort du mari, la femme obtenait de la fortune laissée par lui, le *Faderfium* et le *Doarium* ou *Morgengabe;* mais ces dernières sortes de biens lui étaient attribuées plus souvent en usufruit qu'en toute propriété. En outre, les lois germaniques lui assuraient une certaine partie de ce qui est acquis par le travail commun des époux.

*
* *

Il est difficile de voir dans ce qui précède la
communauté des biens entre époux ; car les droits
mentionnés n'étaient que les droits de succession,
subordonnés, quant à leur jouissance, au cas de
survie de la femme à son mari.

Lorsque le mari survivait, il n'était obligé de
restituer aux héritiers de la femme que le *Fader-fium*, comme étant leur propre fortune; le *Doarium,*
au contraire, ne ressentait aucune influence de la
mort de la femme et restait au mari. Enfin, les héritiers de la femme n'étaient pas admis au partage
des acquêts; ce qui aurait dû avoir lieu, si la femme
avait été considérée comme associée et non comme
héritière de son mari.

Il est donc évident que les lois germaniques
n'avaient en vue que d'assurer à la veuve une partie
de la fortune du mari à côté des héritiers. La pensée,
assurément généreuse, faisait honneur à l'époque qui
l'avait conçue et réalisée. Mais nous répétons que
cette part ne pouvait être prise que par la veuve et

jamais par la femme tant que le mari vivait. C'était donc une faveur personnelle à la veuve; ce n'était pas un droit qu'elle pût transmettre à ses héritiers sans être tenue de la réaliser personnellement.

Sans doute de ce droit, reconnu à la veuve sur une partie des acquêts, à la communauté, il n'y avait qu'un pas. Cependant le droit germanique ne le franchit pas, et ce fut précisément le *Mundium* qui l'empêcha de le faire. En consacrant la supériorité du mari, il résistait à l'introduction du principe de l'égalité des époux, principe dont la reconnaissance devait préparer les voies à la communauté. Il fallait le concours d'autres circonstances indirectes pour affaiblir ce *Mundium* marital, pour élever la dignité de la femme, et fonder la communauté des biens des époux. Toutefois l'influence du *Mundium* ne devait jamais disparaître.

V. — Tout ce que Tacite nous dit des Germains, César nous le répète des Gaulois, et, plusieurs années après César, le géographe Strabon disait: « *Les Gaulois et les Germains se res-* « *semblent physiquement et politiquement : ils ont* « *le même genre de vie et les mêmes institutions.* » Aussi l'œil le plus exercé ne saurait-il démêler, dans ce qui nous reste des institutions de ces deux peuples, ce qui doit revenir à l'un ou à l'autre.

A l'origine de leur occupation de la Celtique, les Gaulois habitaient des cavernes et le nom de la contrée choisie par eux, le pays des Carnutes, paraît dériver du mot celtique *Carmoth*, qui veut dire souterrain.

Au livre I de ses commentaires, César semble nous faire entendre que la propriété était restée commune et que le territoire cultivé, par une certaine classe de prolétaires libres, moyennant un fermage versé au Trésor public, n'était à personne, et appartenait à tout le monde.

Mais, ainsi qu'il doit arriver, à la suite d'une possession prolongée, l'idée de la propriété germa et se développa dans les esprits; ce qui fit changer l'état du sol.

L'inégalité des fortunes suivit l'inégalité des conditions et l'une des conséquences des changements apportés à la Loi d'Égalité fut la constitution du régime nuptial.

« *Dans les mœurs Galliques,* dit M. Laferrière (1), « *c'était le mariage allié aux idées religieuses et con-* « *forme au droit naturel qui constituait la base de* » *la famille.* »

(1) LAFERRIÈRE, *Histoire du droit français.*

Un culte fortement établi était partagé par la femme : le *Druidium* lui donnait dans l'élément religieux une part considérable.

Elle était entourée d'une grande considération et associée à tous les évènements de la vie de son époux, notamment aux périls de la guerre, comme nous l'avons constaté.

La bravoure était une des principales conditions pour qu'un homme fût accepté en mariage : les femmes ne s'unissaient qu'à ceux qui avaient donné des preuves de cette vertu : *Nemo uxorem ducit,* dit Strabon, *nisi priùs, hostis caput.... pertulerit ad regem.* (1)

Plutarque dit que lorsqu'un père voulait marier sa fille, il invitait plusieurs jeunes gens estimés par leur valeur ; celui auquel sa fille présentait la coupe à boire, était choisi pour devenir son époux.

C'était l'esprit de famille qui faisait le plus souvent la force sublime des guerriers gaulois, qui juraient par ce qu'ils avaient de plus cher, par les liens sacrés du foyer domestique, de vaincre ou de ne plus revoir ce foyer (2).

L'institution du mariage consacrait la monoga-

---

(1) Ce n'est que chez les Helvétiens que cet antique usage a traversé les siècles.

(2) DE GALLICO BELLO VII, 66. « *Conclamant equites sanctius jurejurando confirmari oportere ne pacto recipiatur, nc ad liberos, nc ad parentes, ad* UXOREM *aditum habeat, qui non bis per agmen hostium perequitant* » Voir des serments analogues dans TACITE. (Histoires L. IV. C. LXI).

mie comme règle de droit commun, ne souffrant d'exception que par tolérance et comme une immunité accordée à l'illustration et à la puissance (1).

Quelques jurisconsultes ont exploré avec un soin pieux et avec un zèle auquel le sentiment patriotique n'était pas étranger, les institutions des Gaulois : ils ont cru y trouver les vestiges d'un droit purement national. C'est qu'ils s'appuient sur le témoignage de César, qui, dans un passage important de ses Commentaires, décrit le régime matrimonial usité dans les Gaules, pour accorder au régime de la communauté une origine celtique.

« *Le mari,* disent les Commentaires, *prélevait* « *sur ses propres biens, après estimation, une va-* « *leur équivalente et la réunissait à la dot reçue.* « *Un état des valeurs réunies était conjointement* « *dressé ; les produits ou revenus étaient mis à* « *part ou conservés. Lorsque l'un des époux ve-* « *nait à mourir, le tout, capital et revenus, appar-* « *tenait au survivant* »... (2)

---

(1) MM. KŒNIGSWARTER et BERLIER, s'appuient sur les expressions « *ab uxoribus* », et « *in uxores* » que renferme le chap. XIX du Livre VI des Commentaires pour en conclure que la polygamie existait en Gaule du temps de César. Mais nous trouvons ces indications sans force parce que le mot « *Viri* » est en tête de chaque passage. D'ailleurs nous voyons Strabon, plus haut, dire : « *nemo uxorem ducit* » Cæsar, dans le passage sus indiqué, représente les chevaliers Gaulois jurant de ne plus revenir « *ad liberos* » vers leurs enfants « *ad uxorem* » vers leur femme. — Enfin la corneille, qui est réputée ne plus s'apparier quand elle a perdu celui auquel elle était attachée, n'était-elle pas le symbole des veuves gauloises ? « *ex duobus unâ extincta, altera perpetuo vidua permanet.* » Pl. I. 10.

(2) DE BELLO GALLICO, L. VI, chap. XIX.

C'est dans ce passage que des historiens et des juriconsultes ont vu, les uns une sorte de communauté partielle avec gain de survie ; les autres, une convention particulière, qui aurait frappé d'inaliénabilité, pendant toute la durée du mariage, les apports des deux époux, et les revenus même de ces apports.

« *Nous voyons ici,* dit M. Pardessus, *la commu-*
« *nauté conjugale clairement établie. Ce système qui*
« *a traversé tant de siècles et qui nous est par-*
« *venu,* TEL QU'IL EXISTAIT AU TEMPS DE CÉSAR,
« *devait frapper son attention, puisqu'il était alors*
« *entièrement inconnu aux Romains.* »

C'est à tort, nous semble-t-il, que ces savants ont cru trouver, dans ce passage aussi bien que dans les coutumes gauloises, une source de droit exclusivement national : le droit romain et le droit germanique se rencontraient partout.

En effet, ce régime, décrit par César, se rapproche bien plus de la dot germanique et du douaire que du régime de la communauté, qui serait d'ailleurs en complet désaccord avec l'état général de la civilisation gauloise. Et nous pensons avec Kœnigswarter, que, dans sa préoccupation de Romain, César a pu prendre le principal pour l'accessoire, sans que pour cela, au fond, sa description du régime des biens matrimoniaux cesse d'être exacte.

Cë que le mari donnait, n'était-il pas l'ancien *Pretium*, le prix d'achat transformé en dot, don du matin, ou douaire, que la femme recevait elle-même, après être arrivée à un certain degré d'émancipation? Cette donation maritale était ajoutée à ce que la femme apportait de la maison paternelle, apport que l'écrivain romain qualifie improprement de dot; car il ne servait nullement à supporter les besoins du ménage, ce qui est cependant la nature essentielle de la dot romaine moderne. C'était tout simplement la part que la fille obtenait en se mariant, sur le patrimoine de sa famille, coutume générale à toutes les races, même à celles où la femme est le plus durement traitée. Ces deux quotités de biens réunies formaient, avec les fruits acquis pendant le mariage, un douaire pour la veuve en cas de prédécès du mari. Elles restaient, sous ce nouveau titre, la propriété de l'épouse, en sa qualité de chef de famille, et celle du mari, quand le mariage était dissous par la mort de sa femme (1).

Y a-t-il donc quelque chose de moins conforme au régime de la communauté de biens que ce régime dans lequel un apport de la femme et un contre-apport du mari sont accumulés en vue d'accroître indéfiniment, par l'adjonction des revenus qu'elle

(1) Kœnigswarter. (*De l'organisation de la famille en France.*)

donne, une masse commune qui ne sert point aux charges du ménage, et dont la destination est de devenir la propriété du survivant?

Toute idée de communauté était évidemment exclue d'un tel régime, puisque le mari, qui n'avait que l'administration de la masse, devait par ses ressources personnelles subvenir aux besoins de la famille; que d'ailleurs la jouissance de cette masse était enlevée aux époux et qu'enfin elle n'était point, à la mort de l'un d'eux, partagée entre le survivant et les héritiers du conjoint décédé, ni susceptible de reprises.

Le régime nuptial gaulois n'est donc, sous l'apparence d'une communauté d'acquêts et *selon nos idées modernes*, qu'un préciput conventionnel, soumis à la condition de prédécès des époux : un gain de survie. (1)

« *Si la communauté*, dit M. Troplong, *était un*
« *de ces débris vivaces du droit celtique, pourquoi*
« *ne se serait-elle maintenue que dans les pays du*
« *centre et du midi ? pour quelle raison aurait-elle*
« *absolument péri ici, tandis que là elle aurait*
« *poussé des racines qui auraient étouffé le régime*
« *dotal ?* » (2)

---

(1) MERLIN. Kœnigswarter et autres savants docteurs.
(2) TROPLONG. Préface du *Contrat de mariage*, p. XCIX.

On le voit, l'esprit d'analyse, substitué à l'impression spontanée du bon sens, a renversé le système qui avait rallié, tout d'abord, de nombreux et chaleureux partisans.

VI. — Au sein des constitutions domestiques des races primitives, les femmes ont donc tenu un rang inférieur, dans la hiérarchie de la famille. M. Kœnigswarter nous indique le double motif de cette infériorité : c'est d'une part, la croyance dans la supériorité réelle du sexe masculin, représentant de la force, divinité à laquelle l'homme aime à sacrifier dans son enfance ; d'autre part, la pensée d'empêcher que la fortune et la puissance ne sortissent par les femmes de la famille, pour enrichir une famille étrangère.

La croyance dans la supériorité du sexe masculin a dominé non seulement dans tout l'Orient, (1) mais encore chez les Grecs, les Romains, (2) les

(1) Les Védas, la Bible, le Coran, le rappellent souvent. Le chap. IV, *Des femmes* dit : « *Les hommes sont supérieurs aux femmes, parce que Dieu leur a donné la prééminence, et qu'ils les dotent de leurs propres biens* » Les Mahométans doutent que la femme soit douée d'une âme.

(2) Voir TACITE, *De orator, dialogus, CXXVIII*) COLUMELLE. (Préface du deuxième livre *De re rusticâ*), les satires de Juvenal et les comédies de Térence. La législation Justinienne elle-même en porte encore quelques traces : « *In multis Juris nostri articulis détérior est conditio feminarum quam masculorum.* » L. 9, Dig. De statu hominum (1, 5) « *Major dignitas est in sexu virili.* » L. I, Dig. de sénatoribus (1, 9).

Celtes (1), les Germains (2) et en général parmi les populations chrétiennes de l'Europe du moyen-âge, sous l'influence des traditions bibliques et des prédications des pères de l'Église. Ainsi le roi Louis VII dit dans une vieille Charte : « *Effrayés que nous étions de la multitude de nos filles, nous souhaitions ardemment que Dieu nous accordât* DES ENFANTS D'UN SEXE MEILLEUR. » (3) Voilà pourquoi nos anciens jurisconsultes français, commentateurs de nos vieilles coutumes, et imbus de ces doctrines, s'expriment encore fréquemment d'une manière fort dure à l'égard des femmes. Il y a sur ce point un accord surprenant entre d'Argentré (4) et saint Chrysostôme (5), entre Guy-Coquille et l'inquisiteur Michaëlis (6), entre les Coutumes (7) de nos anciennes provinces et les Canons de l'Église (8).

---

(1) Chez les Gallois de l'Angleterre une femme ne pouvait témoigner contre un homme « *car la femme n'est que le tiers de l'homme : or, un tiers n'est pas croyable contre deux tiers* » disent les lois de Probert, P. 317. Les amendes, chez les Bretons de l'Irlande, devaient être cautionnées par un homme ou par trois femmes. Michelet, *Origines*, p. 22, note 1.

(2) Dans beaucoup de coutumes germaniques, le *Wergeld* était pour la femme inférieur à celui qu'on payait pour l'homme.

(3) *Script. rerum Franc.*, C. VII.

(4) « *Il y a dans cet animal des mouvements effrénés, une colère aveugle, une impétuosité qui bouillonne, une grande pauvreté de bon sens, une extrême faiblesse de jugement, un orgueil indomptable.* »

(5) « *Cet animal*, dit saint Chrysostôme en parlant de la femme, *est toujours violent dans ses inclinations* ».

(6) « *Ce sexe*, dit l'inquisiteur Michaëls, *est facilement intrigué et prins au lacet du malin esprit.* »

(7) « *Toutes malices peuvent être plutôt ès femmes qu'ès hommes,* » dit l'article 80 de la plus ancienne rédaction de la coutume de Bretagne.

(8) « *Mulier non est facta ad imaginem Dei.* » Can. 13, Caus. XXXII. qu. 3. Le Concile de Mâcon avait même gravement discuté la question de savoir si on pouvait donner le nom générique d'hommes aux femmes. Voy. Grégoire de Tours, *Hist. Franc.* L. VIII.

Dans plusieurs pays de l'Europe, on rencontre encore de nos jours des usages populaires, qui rappellent cette ancienne préférence en faveur du mâle. (1)

Le second motif de l'infériorité des femmes, en ce qui concerne la constitution domestique, est plus répandu encore ; on le rencontre sous toutes les latitudes, chez les races les plus diverses, aux époques les plus différentes de la civilisation. Chez les Juifs, la fille pouvait hériter si le défunt n'avait point laissé de fils ; mais elle était obligée d'épouser un homme de sa tribu, afin que les biens ne passassent point dans une tribu étrangère. Dans les républiques grecques, l'infériorité des femmes, quant à leur capacité de succéder, a eu le même motif. Car le mariage, à Athènes, de la fille héritière (Επικληρος) avec l'agnat le plus proche, la loi de Sparte qui ne permettait à une fille héritière d'épouser un étranger qu'à la condition qu'il se fît citoyen de la République, l'usage de Milet, en vertu duquel une fille n'héritait que sous la condition de s'unir à un citoyen pauvre, avaient tous pour but de conserver les fortunes dans la même tribu, dans la famille ou dans la même cité. C'est encore une pensée identique qui fit porter la loi Voconienne, à

____

(1) Voy. Grimm, Deustsche, Rechtsalterthemer, page 403.

Rome, loi qui ne s'appliquait qu'aux successions testamentaires, mais dont l'esprit, hostile aux femmes, fit modifier l'égalité des sexes dans l'ordre des agnats établi par les lois de Douze Tables. C'est toujours cette pensée qui transpire dans les statuts des Républiques italiennes du moyen-âge, où les filles étaient réduites à une simple dot, afin d'empêcher les fortunes de passer d'une cité dans une autre.

Dans la constitution guerrière de la famille germanique, c'est le caractère même de l'organisation sociale et l'état général de la société, qui donnent forcément aux femmes une position subalterne dans la famille. Quand la terre et ce qui est attaché à son exploitation forment encore la seule richesse, quand il faut que chaque propriétaire use de son bras et de son courage pour défendre son champ et sa demeure, c'est l'homme seul qui peut hériter et posséder la terre ; en effet, c'est sur les biens immeubles qu'à surtout porté l'exclusion des parents du sexe féminin dans l'Europe barbare et dans celle du moyen-âge. Lorsque la propriété était plutôt un droit politique qu'un droit civil, les femmes, comme membres non actifs de la société, devaient nécessairement en être exclues. Le même motif, celui des services militaires et des autres devoirs politiques attachés à la possession territoriale, a écarté les femmes de la succession des fiefs. Ce n'est que quand ces services et ces devoirs eurent été changés en redevances, et que les terres féodales se furent confondues avec les autres propriétés, que les femmes purent généralement succéder aux fiefs.

Les monarchies, de même que les états aristocratiques, les républiques oligarchiques, comme les démocraties, ont donc immolé la femme dans l'organisation de la famille, soit pour conserver la richesse et la splendeur, soit pour maintenir l'égalité des biens et ne pas rompre l'équilibre de la distribution des fortunes.

Parmi les éléments qui ont, d'autre part, contribué le plus à élever et à étendre les droits des femmes, nous rangeons d'abord, et avant tout, ce principe d'égalité et de justice distributive, qui considère tous les êtres humains comme les enfants du même Dieu, et ayant des droits égaux, sans distinction de race ni de sexe. Cette idée de la fraternité universelle, présentée par les philosophes du Portique, fut érigée en dogme et prêchée au monde par les apôtres d'une religion nouvelle. Le Christianisme, dont la mission était de faire participer le monde entier aux vérités sublimes que Moïse n'avait réservées qu'à un seul peuple, ébranlait, en prêchant l'égalité et la fraternité de tous les hommes, toutes les barrières du vieux monde : l'esclavage et l'infériorité des femmes, bases générales de l'ancienne organisation, furent sapés dans leur fondement.

Une autre cause puissante, qui a élevé la condition des femmes, c'est la valeur croissante des biens meubles, dont la possession ne leur avait été presque nulle part refusée, et l'augmentation de la richesse mobilière favorisée par le commerce, la navigation et l'industrie. Aussi, sont-ce les classes de la société qui vivaient de ces branches de l'activité humaine, les bourgeois et les artisans, qui ont admis les femmes au partage égal des héritages, bien avant que ne le fissent les classes nobles, qui possedaient la terre.

VII. — La source de la communauté des biens entre époux a-t-elle été suffisament éclairée par la critique historique ? Nous ne le pensons pas.

Les uns, comme nous venons de le voir, accordent à la communauté une origine celtique, les autres la cherchent dans le Digeste de Justinien ; enfin de célèbres écrivains allemands acceptent l'origine germanique de la communauté, affirmant qu'elle est l'émanation naturelle et logique du *Mundium* (1)

Cette dernière opinion, par l'autorité scientifique de ceux qui l'ont embrassée, a produit plusieurs études brillantes sur l'origine germanique de la communauté. (2)

Nous pensons et nous espérons pouvoir démontrer que c'est dans notre moyen-âge, que nous trouvons le germe vrai, le principe incontestable du régime de la communauté, de cette institution dont nous pouvons suivre, jusqu'à nos jours, la croissance et le développement.

(1) Zœpft. *Élément germanique dans le code Napoléon.* Mittermayer.
(2) M. Ginouilhac. *Histoire du régime dotal et de la communauté en France.*

DEUXIÈME PARTIE

Moyen-Age

I. — Si nous examinons l'époque durant laquelle le droit romain semble avoir cessé de féconder notre civilisation, — je veux parler de cette période comprise entre le IXe et le XIIIe siècle, et que l'on est convenu d'appeler l'époque de la Féodalité, — nous remarquons que la Société engourdie et la Législation inanimée laissèrent libre carrière à l'initiative individuelle et à la formation du droit coutumier. Mais il ne faut pas croire á cette prétendue mort du droit Romain : sous l'écorce de la Féodalité, la société française resta une société romaine convertie au christianisme.

La Féodalité fut pendant longtemps, et est encore par plusieurs, considérée comme une époque de despotisme odieux : cette appréciation est injuste ; des historiens éminents, qui honorent ce temps-ci, ont été plus impartiaux. Les despotismes odieux sont ceux qui abrutissent et démoralisent les peuples, comme ont été autrefois ceux de la théocratie Egyptienne et de l'aristocratie de Venise ; comme l'est encore le pouvoir absolu des souverains orientaux.

La Féodalité, malgré son caractère oppressif, a pourtant rendu l'immense service de constituer une organisation sociale, une force publique, dans les vastes contrées abandonnées à elles-mêmes par la dissolution de l'empire de Charlemagne ; elle a fait de grandes choses et s'est illustrée par des grands hommes, par les Croisades, la Chevalerie, la naissance des littératures modernes, l'exécution de monuments que nous admirons encore.

« *L'usage et les mœurs,* dit M. de Tocqueville, « *avaient d'ailleurs établi des bornes à la tyrannie,* « *et fondé une sorte de droit, au milieu même de la* « *force.* » (1)

____

(1) DE TOCQUEVILLE. *De la démocratie en Amérique.* Introd.

*
* *

Le caractère propre à la Féodalité est le morcellement du territoire et de la souveraineté politique.

Les bandes germaines, qui envahirent les Gaules, s'approprièrent une grande partie du sol, et les domaines concédés d'abord par les chefs de bandes, ensuite par les rois des deux premières races, à la charge du service militaire et de la reconnaissance de la suzeraineté, furent l'origine de la tenure féodale.

La terre devint la principale monnaie et remplaça les dons et récompenses en armes, chevaux ou autres objets de valeur, que donnaient, autrefois, les premiers chefs germains aux soldats victorieux.

Les populations Gallo-Romaines furent obligées de se grouper sous l'autorité et la protection des vainqueurs : on vit alors le seigneur bâtir son château sur un rocher, et tous venir grouper leurs humbles demeures, au pied du nid de l'aigle, qui, du sommet, veillait sur la campagne. Le seigneur féodal fut un propriétaire investi de tous les droits et privilèges de la souveraineté ; c'est lui qui imposait, taillait à volonté ses vassaux, exerçait la haute et la basse justice et avait

le droit de punir et de faire grâcè : « *Le Seigneur*, dit la
« formule, *enferme les manants, sous portes et gonds,*
« *du ciel à la terre... il est seigneur dans tout le*
« *ressort, sur tête et cou, vent et prairie, tout est à*
« *lui, forêt, chêne, oiseau dans l'air, poisson dans*
« *l'eau, bête au buisson, cloche qui roule, onde qui*
« *coule...* » (1)

Mais cette souveraineté n'existait que dans les
limites de sa propriété, de son fief : le roi de France
lui-même, à cette époque, n'était qu'un seigneur féodal
parmi les autres.

C'est la tenure de la terre qui distinguait les classes
de la population ; c'était le rang de la propriété qui
classait le détenteur dans la hiérarchie de la société :
« *L'homme possède moins la terre, qu'il n'en est*
« *possédé.* » (2)

Sous le régime féodal, qui fut, à l'origine, absolument
militaire, le vassal n'était qu'un soldat, (3) qui tenait
son fief à titre de solde comme prix de ses services.

« *La liberté, l'égalité et le repos*, dit M. Guizot,
« *manquaient également, du Xe au XIIIe siècle, aux*
« *habitants des domaines de chaque seigneur. Leur*
« *souverain était à leur porte ; aucun d'eux n'était*

---

(1) Kœnigswarter. *Histoire de l'organisation de la Famille en France.*
(2) Michelet. *Origine du droit Français.*
(3) Miles. Voir anciens diplômes.

« *obscur pour lui, ni éloigné de son pouvoir. De toutes*
« *les tyrannies, la pire est celle qui peut ainsi compter*
« *ses sujets et voit, de son siège, les limites de son*
« *empire. Les caprices de la volonté humaine se*
« *déploient alors dans leur intolérable bizarrerie, et*
« *avec une irrésistible promptitude.* » (1)

Sous un tel régime la condition de la femme, on le
comprend, devait être amoindrie et singulièrement
effacé.

La Féodalité ne plaça la femme, ni sous la tutelle
bienveillante de ses proches, comme l'avait fait Clovis,
ni, comme l'avait fait Charlemagne, sous la tutelle
du Souverain, trop haut placé au-dessus d'elle pour
avoir intérêt à l'opprimer ; la Féodalité lui donna pour
tuteur et pour maître un homme qui, placé près d'elle
et cependant étranger à sa famille, ne devait pas tarder
à devenir un tyran.

*
* *

Chez les Francs, comme chez les Germains et les
autres races barbares, on ne fut conduit à l'égalité
civile et politique que par l'égalité religieuse ; ce fut

(1) Guizot, *Essai sur l'Histoire de France.*

en devenant chrétiens que les hommes devinrent citoyens. Cette transformation s'opéra lentement, graduellement, en passant de la servitude au servage, du servage à la mainmorte, et de la mainmorte à la liberté.

A l'origine, la vie de l'esclave n'était qu'imparfaitement garantie, même par la loi de charité, qui se faisait de jour en jour mieux écouter. Il devint ensuite colon, fermier, travaillant pour son compte, moyennant des conditions ou *tenures*, des redevances, des services souvent exagérés, il est vrai ; il appartenait encore à la glèbe, à ce champ sur lequel il était né ; mais au moins était-il sûr que ce champ ne lui serait pas enlevé, et qu'en cédant à son maître une partie de son temps, de ses forces, du fruit de son travail, il pourrait jouir du reste sûrement.

Les serfs, descendants des colons romains, et les villains, (1) travailleurs libres, composaient les populations agricoles éparses dans les campagnes, groupées autour des abbayes, ou au pied des châteaux-forts. Le travail des champs prit une assiette régulière ;

(1) Lorsqu'un *villain* achetait un fonds de terre dans un bourg royal, la coutume s'établit qu'il y restait libre et bourgeois du roi, après y avoir demeuré un an et un jour, sans avoir été réclamé par son maître et seigneur. L'émigration devint telle que les seigneurs améliorèrent le sort des personnes placées sous leur dépendance, et créèrent dans leur domaine des bourgeoisies analogues aux bourgeoisies royales. Un double courant d'affranchissement se trouve dès lors établi. L'esprit de cité vers le XII° siècle, renaît sous la forme de l'esprit bourgeois (Ordonnance de Louis le Gros, 1134), qui emprunte un nom teutonique (*burg*, habitation fortifiée), pour modifier le régime issu de la conquête.

les grands seigneurs domaniaux, les possesseurs de la terre, comprirent que ce travail s'exerce mieux, en liberté ; que la paresse s'accommode de l'esclavage, et que la richesse et la population croissent avec l'indépendance. Ils firent alors don de précieux privilèges à ces agglomérations rurales qui, formant des paroisses ou des communautés, constituèrent plus tard le corps de la nation, la bourgeoisie, le Tiers-État, enfin.

Le fermier se changea donc en propriétaire, possédant en propre sa personne aussi bien que les terres qu'il cultivait, à la charge par lui de satisfaire à quelques obligations toutes matérielles, qui d'ailleurs s'allégèrent de jour en jour et finirent par disparaître tout à fait. Entré dans la *Commune*, il figura bientôt dans les assemblées provinciales, et il fit le dernier pas dans cette voie du progrès social, quand le suffrage de ses pairs l'envoya prendre rang dans les États du royaume. Le peuple, qui avait commencé par l'excessive servitude, arrivait graduellement à la souraineté.

Nous venons de prononcer le mot de *Commune*, il est bon de ne pas se méprendre sur l'acception véritable de ce terme, qui, sous les dehors latins « *Communitas* » exprime une idée germanique dans son origine et chrétienne dans sa forme nouvelle.

Les sociétés de défense mutuelle, les *Ghildes*, les

Conjurations, n'avaient jamais disparu des pays germaniques et celtiques ; la chevalerie elle-même n'était qu'une vaste confraternité des guerriers chrétiens. Les sociétés de la *Paix de Dieu,* de la *Trève de Dieu* provoquées par le clergé, pour arrêter les querelles sanglantes des seigneurs, n'étaient autres que de grandes *Ghildes* religieuses. Cette idée de *Conjuration* (serment commun), dont la Féodalité leur donnait le puissant exemple, ne pouvait manquer de frapper l'esprit des manants, des mainmortables ; ils n'eurent plus qu'à être pris d'un désir naturel d'imitation, pour que la *Commune* naquît tout armée.

Ils prononcent donc, eux aussi, des serments, ils mettent en *commun* leurs bras et leurs âmes ; ils s'emparent par force ou par surprise des remparts et des tours de leurs propres villes ; ils élisent des *Mayeurs* ou Maires, des échevins, des pairs, des jurés, chargés de veiller au maintien de cette sainte association ; ils obligent enfin, de gré ou de force, le seigneur, qui se voit menacé au milieu de ses gens d'armes, à reconnaître leur affranchissement par un pacte solennel (1).

---

(1) C'est à cette époque que les habitants des campagnes poussèrent ce cri célèbre : « *Nous sommes hommes comme eux.* »

> *Nus sumes homes cum ils sunt.*
> *Tex membres avum cum ils unt.*
> *Et altresi granz cors avum.*
> *Et altretum sofrir poüm ;*
> *Ne nous faut fors ever sulement.*

WACE, *Roman de Rou.,* t. I., p. 306.

C'est sous Louis VI que le mouvement d'affranchissement communal devint général et irrésistible, qu'il s'accentua et fit explosion.

M. Augustin Thierry, dans sa XIIIe lettre sur l'histoire de France dit que « *se fiant sur ce que le protocole des chartes, porte en général : concessi, j'ai octroyé, les historiens attribuent à la politique des rois les résultats de l'insurrection populaire, et travestissent en réforme administrative, l'un des mouvements les plus énergiques de la démocratie.* »

La commune ne s'établit point partout par voie d'insurrection. Il se produisit toutes sortes de luttes, de transactions, de combinaisons, de *franchises* vendues à prix d'or, ou octroyées par une libéralité plus ou moins volontaire ; mais partout le but est identique ; partout on combat ou l'on négocie, pour substituer la mise en vigueur d'une *Charte*, d'une constitution écrite, au régime de dépendance quelquefois arbitraire, sous lequel on avait vécu longtemps ; pour remplacer par une redevance annuelle et fixe, sous la protection d'une jurisprudence précise, les prestations mal définies, les rapines déguisées de la fiscalité seigneuriale ou royale.

La *Commune* du moyen-âge est une réunion d'hommes, une *conjuration* — comme dit le vieux glossaire de Du Cange, — qui prend pour devise ces trois mots, *fraternitas, pax, amicitia.* C'est la révolte du travailleur contre l'homme d'épée, improductif et dominateur. Le *Communier* conquiert sa liberté, s'affranchit de l'impôt du sang, des tailles, des corvées, de la mainmorte ; il n'est plus attaché à la glèbe, ne doit presque plus de redevances féodales.

C'est donc, par l'institution des Communes, que fut introduite, au sein de la monarchie féodale, la liberté démocratique.

*
* *

La tutelle féodale s'éteignit peu à peu, vivement attaquée et pressée par le droit romain, par le droit canon et par le droit coutumier ; l'indépendance des grands feudataires dut plier sous la suprématie du pouvoir royal.

Alors les fiefs de France, ne furent plus qu'un simple patrimoine, les parcelles d'un même territoire, et les feudataires français, seigneur et vassal, ne furent plus que les sujets d'un même roi. Alors le droit féodal put traiter les deux sexes sur un pied d'égalité. La femme fut admise à jouir elle-même de son fief, et on lui accorda des prérogatives (1), qu'aucune législation ne lui avait encore accordées, notamment le droit de transmettre à ses enfants le nom et les biens de ses ancêtres.

On vit enfin ce sentiment chevaleresque, dont nous avons aperçu le germe chez les autres habitants des forêts de la Germanie, mettre, au service de la femme, l'épée, qui servait naguère à l'opprimer.

« *Un pas de plus,* dit Laboulaye, *et il semble qu'on*
« *eût atteint rapidement l'égalité des codes modernes ;*
« *mais il n'en fut pas ainsi et la victoire des sentiments*
« *fut pour longtemps retardée.* »

*
* *

Comme nous l'avons déjà indiqué, le christianisme fut un des plus puissants éléments de la civilisation française.

Nous voyons l'Église, après avoir exercé une influence réelle sur le droit civil de Rome, protéger la femme encore longtemps dans l'époque *féodale* et *coutumière,* opérer la fusion simultanée des idées

(1) Lettre de Louis VII à Ermengarde.

romaines et des mœurs germaniques, par ses décrets et ses conciles, par les formules et les actes judiciaires de ses clercs, et par les Capitulaires que ses évêques dictaient aux rois francs, devenus les maîtres de la plus grande partie des Gaules.

Si cette influence s'est montrée un jour « *tyrannique* « *et terrible, a commis mille iniquités et mille erreurs,* « *jusqu'à se dégrader par l'inquisition,* » (1) il ne faut pas perdre de vue qu'elle a imprimé à la société européenne, pendant les premiers siècles du moyen-âge, le mouvement le plus salutaire, en même temps qu'elle a été le lien, qui noua ensemble l'ancien et le nouveau monde. Elle se pose en médiatrice, entre le seigneur et le vassal, entre le vassal et le serf, cherche à suspendre les guerres privées, établit la Trève de Dieu. Le clergé ouvrit ses rangs à tous, au pauvre comme au riche, au roturier comme au seigneur, et l'égalité commença à pénétrer par l'Église au sein du Gouvernement. Ainsi, celui qui eût végété comme serf dans un éternel esclavage, se plaça comme prêtre au milieu des nobles et fut souvent s'asseoir au-dessus des rois mêmes. Ce n'est pas tout : l'Église contribua à la moralisation de la vie privée, en combattant sans cesse le rapt, l'inceste (2), l'adultère, le concubinat,

---

(1) KŒNIGSWARTER, *De l'Organisation de la Famille en France.*
(2) *Concile de Worms — an 868 —* Capitulaires de Louis le Débonnaire,

le divorce et la répudiation (1), ce sacrifice de la passion éteinte à la passion qui s'allume, dit M. Kœnigswarter.

Elle posa des règles sur la publicité des mariages (2), sur le divorce, sur les degrés de parenté (3), sur les devoirs réciproques des époux. Les conditions constitutives, les *preuves intrinsèques* du mariage, cette pierre angulaire de la famille, furent entièrement soumises à son contrôle ; ce qui fut autrefois un contrat devint un sacrement. L'Église exerça donc par ses doctrines, ainsi que par l'intelligence et la science des hommes remarquables, qui se réfugiaient à cette époque dans son sein, un ascendant considérable sur la constitution de la famille.

A partir des conciles de Latran et de Trente, elle devint l'unique autorité, en matière de mariage, et ses prescriptions furent plus tard confirmées par les ordonnances des rois de France.

Le christianisme améliora la position de la femme aussi bien comme épouse et comme veuve, que comme membre de sa propre famille, comme héritière. D'ailleurs, en prêchant l'Égalité des hommes sans distinction de sexe, n'est-ce pas l'Église, qui,

---

(1) L'Église, sous les Francs, lançait l'excommunication contre le mari qui répudiait sa femme, sans motif légitime (voir capit. ann. 753).

(2) Peppini reg.. capitul. Verneuse. Ann. 755. C. XV « *ut omnes homines laici publicas nuptias faciant, tam nobiles quam ignobiles.* »

(3) *Décret du Pape Innocent I* (1216) fixant empêchement de mariage, parenté 4ᵉ degré.

la première, a proclamé et favorisé l'idée de l'Égalité
de la femme dans la famille, égalité que n'avaient
pu admettre, ni la famille asiatique ou germaine,
ni la famille aristocratique de la France féodale ?

C'est par cette doctrine, que furent inspirées les
formules de testament si connues, recueillies au
VIIe siècle, et dans lesquelles l'amour paternel
proteste contre la coutume ancienne et impie qui
exclut les filles de la succession et de la terre
paternelle : « *Tous les enfants ayant été également*
« *donnés par le Seigneur.* » (1)

C'est le même esprit qui dicta à Chilpéric et à
Childebert des lois favorables aux droits succes-
soraux des femmes et de leurs descendants (2).

II. — Deux faits moraux et sociaux, à la
fois, caractérisent cette époque du moyen âge : d'a-
bord le droit de chaque individu de régler l'ordre
de succession dans sa famille et ensuite l'esprit
général de l'association.

Chaque propriétaire pouvait fonder un droit spé-
cial pour ses héritiers et pour sa propriété ; ce fait

(1) MARCULF. formul. Libe. II form. 12. « *Dulcissima fillia mea illa ego ille ;. .. sed ego, perpendens hanc impietatem, sicut mihi æqualiter a Deo donati estis filii, ita et a me silis æqualiter.. etc.*

(2) PERTZ. *Monum. German. histoir.* vol. II. page 10. M. KŒNIGSWARTER. *Organisation de la famille en France.*

était favorable aux intérêts des femmes, car l'influence plus grande qu'exercèrent sur l'esprit, et par suite sur cette législation individuelle, la considération des liens du sang et l'autorité de la religion, leur assurait une part plus juste dans les droits pécuniaires de chacun des membres de la famille.

***

L'esprit de cette tendance à l'association, — qui envahit d'une manière si complète la société du moyen-âge, et qui pénétrait des rapports politiques des barons féodaux jusqu'à la misérable chaumière du paysan vivant en servage, en lui procurant l'adoucissement et la force nécessaires pour supporter ce joug pesant, — cet esprit était sans doute la cause la plus active qui devait faire accepter la communauté comme régime matrimonial des époux.

Ce fut sous le chaume du paysan qu'il se développa d'abord. Les familles agricoles, surtout celles qui étaient soumises au servage, vivaient dans un état de communauté complète ; les hommes et les femmes avaient une part égale dans cette fortune commune; il ne pouvait être question de la supériorité du sexe, puisque le *Mundium* était le le privilège exclusif de l'homme libre, et que de plus, la femme, la sœur, ou la fille d'un paysan attaché à la glèbe, *glebœ adscriptus*, relevaient de la puissance du seigneur.

L'état de dépendance et de servage où se trouvaient tous les membres de la famille, les poussait vers le même but : la communauté du travail amenait la communauté des gains et des profits. Ce n'était pas seulement les personnes unies par les liens du sang qui appartenaient à ces petites sociétés agricoles, mais encore tout étranger qui habitait pendant une année et un jour sous le chaume de l'association, et par cela même qu'il mangeait à la table commune, *à même pain* et *à même pot* (1) : vivant sous le même toit, il acquérait la qualité d'associé. Les meubles et les acquêts étaient la propriété de tous ; seule, la terre appartenait au seigneur.

Les serfs mainmortables s'associaient souvent famille par famille, pour cultiver les terres concédées par le seigneur, qui renonçait, en raison des avantages qu'il retirait de ces associations, à son droit de mortaille ou de succession féodale.

Les avantages étaient réciproques : le serf assuré

(1) BEAUMANOIR, *Cout. de Beauvoisis*, ch. XXI, Ed. Beugnot, I. 305.

de n'être pas dépossédé osait entreprendre des améliorations agricoles ; et le domaine, mieux cultivé, offrait une plus large prise à la taille du seigneur.

Dunod prétend même qu'il y avait plus de prospérité « *en liens mainmortables qu'en franchise* » (1) Ces associations formaient des corps moraux, des communautés qui s'entretenaient, en se perpétuant entre les membres d'une même famille vivant *à même feu, pain et sel.*

Il faut dire que cette obligation de vivre ensemble était rigoureuse et sanctionnée par les coutumes. Le droit du seigneur à la succession du serf reprenait lorsque les *parsonniers (associés),* cessaient de vivre *à feu, à pain et à sel* communs (2) : lorsque pendant une année, ils avaient des domiciles distincts (3).

« *Compagnie se fait,* dit Beaumanoir, *pour manoir* « *ensemble à même pain et pot.* » (4) De là, ces expressions : Etre *en pain et pot* (5). Tout était en commun, non-seulement la maison, mais le foyer et jusqu'aux instruments de ménage.

---

(1) *Des Mainmortes,* chap I, page II.
(2) *Coutumes de Bourgogne,* chap. V, art. 17.
(3) *Coutumes de Nivernais,* chap. VIII, art. 13.
L'art. 14 de la précédente coutume dit : *L'enfant qui va demeurer dans la maison de ses père et mère, tient feu et lieu hors la compagnie d'iceux, par an et par jour, perd le droit de leur succéder.*
(4) Chap. XXI.
(5) MICHELET, *Origine du Droit français,* pag. 268.

Voici une description complète d'intérieur rusti-
que, curieusement et naïvement tracée par Guy
Coquille : (1)

« *Le feu*, dit-il, *c'est la marque d'un ménage et*
« *famille ès villages ; car en chacune famille et com-*
« *munauté, quoiqu'ils soient plusieurs mariés, tous*
« *n'ont qu'un foyer où s'appreste à manger pour*
« *tous, auprès duquel les femmes accouchent de leurs*
« *enfants ; et n'y a cheminées ès chambres particu-*
« *lières de chacun marié... aussi la vulgaire usance*
« *en ce païs est, quand quelqu'un veut changer de*
« *domicile, il éteint son feu, en présence de person-*
« *nes publiques au lieu qu'il délaisse, et va l'allu-*
« *mer en son nouveau domicile.* »

Ce genre de société avait sa grande utilité, soit
pour le seigneur qui, au moyen âge, n'avait pas à
craindre *la confusion et le déréglement des redevan-*
ces (2) de la perpétuelle communauté de ses sujets,
soit pour les sujets eux-mêmes, qui, en restant
étroitement unis dans un ménage indivisible, conservaient l'intégrité de la concession et y succédaient
de génération en génération (3).

Ces associations que les auteurs du XVIe siècle,

<hr>

(1) *Sur. Nivernais,* art. 13.
(2) GUY COQUILLE. — Sur l'art. 13.
(3) *Nivernais,* loc. cit. art. 18.

appellent quelquefois dès fraternités (1), pour peindre le sentiment de famille qui les anime, furent très utiles au progrès de la classe servile; mais elles montrent surtout la direction de l'esprit de famille vers l'association et la communauté (2). La femme devait être nécessairement là première personne dont l'avoir tombât dans la communauté.

Aussi peut-on dire que la *communauté conjugale* dérive de la *communauté* des gens de mainmorte, et qu'elle est née spontanément dans le cœur des pauvres et des humbles, comme y naquit, il y a dix huit siècles, la morale nouvelle prêchée aux déshérités et aux esclaves.

*
* *

Les familles libres et bourgeoises, elles aussi, présentaient le plus souvent une association de biens *existant* entre ses membres. Partout où l'intérêt de l'agriculture l'exigeait, on se réunissait pour former de petites sociétés rurales. Dans les villes, cet usage

---

(1) Coquille. — Sur le titre 22 art. 3.
(2) Troplong. — Préface sur le *Contrat de mariage*, P. CXIX.

était devenu si général, que deux frères, vivant ensemble et s'occupant de la même industrie, faisant même métier ou même commerce, pendant un an et un jour, étaient considérés comme associés entre eux.

En présence de cette tendance universelle à la communauté, l'union matrimoniale était une cause puissante qui devait contribuer à l'établir ; car, si l'habitation sous le même toit suffisait à la créer, à plus forte raison, l'union si intime du mariage devait-elle favoriser son développement.

*
* *

La communauté conjugale était de droit pour les roturiers et les bourgeois au XIe siècle.

Les *Assises de Jérusalem* [1], les établissements de Saint-Louis [2] et tous les anciens auteurs [3] établissent la communauté de biens meubles et des dettes, comme le droit commun des époux roturiers.

---

[1] *Cour des Bourgeois,* Chap. CXVIII, CLXII, CLXV, CLXIX, CLXXII.

[2] L. I., Chap. XV, CXXXVII, CXXXIX.

[3] BEAUMANOIR, Chap. XXI, « *Caseun ses que compaignie se fait par mariage, car sistôst comme mariage est fez, si biens de l'un et de l'autre sont par la vertu du mariage.*» DESMARÉS, Décis. 247, *Cout. notoires du Chatelet,* N° 163.

C'est dans les *Établissements de Saint-Louis,* que, pour la première fois, l'on voit la communauté consacrée en termes positifs. Elle y reçoit même une extension importante qu'il importe de signaler : le survivant des époux, indépendamment de sa moitié en pleine propriété, et quand même l'union n'aurait rien apporté, a droit à l'usufruit de l'autre moitié, et cette moitié appartient à la femme aussi bien qu'au mari, « *et einsinc puet l'en entendre que li mueble sont communal.* » (1)

Ce n'est point là un droit de succession, mais de communauté, car le *Livre de jostice et de plet* dit encore : « *Et s'il i a conquez fez en la nanée* (en l'année), *la seconde femme aura la moitié par son doere.* » Plusieurs chartes angevines de la même époque envisagent la femme comme associée (2) ; mais on n'exige pas tout d'abord le délai d'un an et un jour, sauf en quelques lieux comme l'Orléanais : ni le texte de Beaumanoir ni celui des Établissements ne le supposent ; la communauté se forme, au coucher, à la consommation du mariage.

Quand la vie commune d'an et jour entraînait pour toute personne l'admission forcée dans la communauté, on comprend aisément que la femme devait

(1) *Etabliss.,* I. CXLIII.
(2) D'Espinay, *Cartul, angev.,* p. 189, note 2.

être la première personne dont les biens fussent englobés dans le ménage. Du reste, à l'origine, son droit ne fut pas différent de celui de tout autre parsonnier, à en juger par l'article suivant de la Coutume du Nivernais, celle, de toutes nos anciennes coutumes, qui nous a le mieux conservé la physionomie primitive de l'institution.

Nivernais, *Des Droits des Gens mariés,* art. 21.

« *Le gendre ou la femme du fils, venant demeu-*
« *rer avec leurs beaux-père et mère, ou l'un d'eux,*
« *après l'an et jour de leur demeurance avec· eux,*
« *acquièrent communauté par têtes, avec leurs dits*
« *beaux-père et mère, l'un deux et leurs parson-*
« *niers, en meubles faits, meubles et conquêts à*
« *faire, en apportant leurs droits à la communauté,*
« *s'il n'y a convenance, protestation ou contradic-*
« *tion au contraire.* »

L'identité de la communauté conjugale et de la communauté entre gens étrangers par la naissance, et simplement unis par une vie commune à *même pain et à même pot,* a vivement frappé Coquille, ce religieux observateur de nos vielles coutumes. Parlant des communautés, il s'arrête brusquement pour faire la réflexion suivante : « *Plus ample discours*
« *sur ce, sera vu cy après, sous le titre de* GENS
« MARIÉS *et de retrait lignager, pour ce qu'à peu*

« *près les décisions sont semblables à l'égard des*
« *autres communs.* »

L'origine roturière de la communauté conjugale
est démontrée, d'une part, par la place qu'occupent,
dans les *Établissements de Saint-Louis*, les passa-
ges relatifs au droit reconnu aux héritiers de la
femme sur les conquêts, et qui sont encadrés dans
des textes concernant exclusivement les hommes
coutumiers; d'autre part, et surtout, par la résistance qu'apporta en plusieurs contrées, lors de la
rédaction des coutumes officielles, le second ordre
à l'extension des règles de la communauté roturière
aux familles nobles, extension dont les *Établissements* eux-mêmes portent les traces.

Comme on le voit, la communauté conjugale reposait, dès lors, sur les mêmes principes que notre législation actuelle : communauté de meubles, d'acquêts
et de dettes, à l'exclusion des fiefs et des *propres*.

Le fief, en effet, n'était pas un patrimoine, mais
une possession qui, à défaut d'héritiers directs, revenait au seigneur concédant; et le mari, qui avait
prêté foi et hommage, était seul possesseur de cette
terre féodale : il en avait la saisine, complètement
en dehors de la femme.

Enfin, le mari ne pouvait aliéner, à son gré, les
biens propres de sa femme. Ce système, adopté par

toutes les coutumes, en vertu de ce principe que les membres de la famille avaient un droit éventuel sur les biens fonds, a été consacré par notre code civil.

C'est donc, enfin, l'égalité réalisée entre époux dans l'attribution des biens communs. Mais comment s'était opérée cette transformation radicale, et, sous quelle secrète influence, le gain éventuel de survie, avait-il été remplacé par le droit de communauté ?

Nous répondrons avec M. Vavasseur, un de nos éminents jurisconsultes, qu'il est impossible de dire le moment précis où le nouveau principe fit son avènement dans la coutume ; mais il est permis d'affirmer qu'il naquit en plein moyen-âge, comme un fruit naturel de l'état social créé par la féodalité.

La communauté était donc dans les classes infé-- rieures, le seul régime matrimonial connu en Occident. La dot — ou le *doarium* — était complètement inconnue au peuple gémissant sous le joug du servage, aux classes libres, mais non privilégiées par la noblesse, et aussi à la bourgeoisie.

La plupart des coutumes établissaient la communauté conjugale de plein droit ; quelques-unes ne l'admettaient qu'en cas de stipulation formelle (1).

---

(1) C'était le cas en Auvergne, dans la Haute-Marche, dans le pays Messin et autres.

Elles variaient cependant sur certains points secondaires : ainsi les unes faisaient commencer la communauté du jour du mariage, les autres seulement à dater de « *l'an et du jour.* » La communauté conjugale, dans le système de ces dernières coutumes, n'était qu'une application particulière de la communauté ordinaire, résultant de la vie commune ; quelques-unes partageaient les biens communs par portions égales ; d'autres ne donnaient à la veuve qu'un tiers. L'existence d'enfants, le rang des époux nobles ou roturiers, le caractère féodal ou allodial des biens influaient également sur le partage de la communauté.

III. — Parmi la noblesse le *doarium* se conservait toujours, et les nobles résistèrent longtemps à l'adoption de cette coutume serve ou roturière, qui froissait leur orgueil et leur intérêt : ils empêchaient ainsi l'amoindrissement du patrimoine par le partage égalitaire et conservaient aussi le seul moyen de soutenir la splendeur de la race et de maintenir son prestige. Cependant, déjà au XIVe siècle, la communauté des biens apparaît quelquefois dans cette classe de la société ; mais elle ne devint pas le droit commun, pour le nord de la

France, avant le XVe siècle, époque à laquelle elle reçut plus de développement par suite de la révision générale des coutumes, dans laquelle l'élément démocratique l'emporta définitivement.

La résistance des nobles est officiellement constatée dans le procès-verbal de la coutume de Blois, dressé lors de la réformation des coutumes au XVIe siècle. Ils réclamaient l'attribution de tous les meubles et conquêts au profit du survivant, mari ou femme. Mais ils succombèrent, « *malgré les « praticiens* — dit le procès-verbal, — *qui ont déposé « et affirmé avoir vu écrit en leurs anciens coutu- « miers la dite coutume, telle que les nobles la « prétendent. Car on leur opposa le préjudice et le « dommage qui adviendraient aux mineurs et à la « chose publique.* » (1)

Cette innovation à la chose publique, dit M. Vavasseur, contre la caste nobiliaire devait lui porter malheur. Elle se pourvut en vain par appel contre la décision qui établissait la communauté comme droit commun.

Néanmoins, le *doarium* demeura en France, jusqu'à la fin du dernier siècle, le privilège de la veuve noble.

A cette grande époque de la Renaissance, où

____

(1) Voir *Coutumier général.* T. III p. 1047.

l'âme humaine, débordant de jeunesse et d'ardeur, se sentant comme au printemps d'une ère nouvelle, éclatait et se répandait en œuvres merveilleuses, la législation elle-même fut entraînée dans le mouvement et l'on vit, avant la fin du XVIe siècle, la réformation des coutumes, exigée par l'opinion, s'accomplir avec ensemble, avec l'intelligence des besoins révélés par la jurisprudence. Cependant, qu'on ne l'oublie pas, c'était encore la barbarie qui se soulevait et se dégageait avec effort des liens du passé et parfois encore nous la voyons trahir par des mouvements désordonnés ses instincts primitifs.

Remarquons, en effet, que la communauté ne pénétra dans la haute société, avec sa simplicité primitive, qu'en luttant contre le *Mundium,* qui, pour les classes libres, survécut à tous les orages du moyen-âge. Elle avait dû, sur plusieurs points, accepter son influence : le mari associé était seul propriétaire de la fortune commune, *maître et seigneur* (1) *des biens de la communauté,* comme tuteur ayant la *mainbournie* de sa femme, dont les droits, avant la dissolution de la communauté, étaient plutôt *in habitu,* que déjà réalisés, *in actu.*

Il peut en disposer, selon les termes de la cou-

(1) Le mari est seigneur et maître des meubles et conquêts immeubles. Art. 235, *Cout. de Paris.*

tume, à *son plaisir et volonté* ; en sorte que la femme a moins un droit qu'une espérance d'association. Du reste elle est toujours frappée d'une incapacité basée sur l'*infirmité du sexe*, comme n'hésite pas à le déclarer le chancelier de l'Hospital dans l'Edit des secondes noces, de 1560.

Comme conséquence inévitable de cette prépondérance du mari, la femme avait la faculté de renoncer à la communauté au moment de sa dissolution, quand le passif surpassait l'actif. Ce droit qui, dans le principe, était propre aux femmes nobles, nous le voyons avec le temps s'étendre à toutes les classes de la société [1], quoiqu'il ne fut cependant qu'un moyen insuffisant de sauver la femme des pertes auxquelles elle pouvait être exposée par la mauvaise administration de son mari.

** **

La faculté de renoncer à la communauté, ne fut d'abord accordée qu'aux nobles qui se croisaient contre les infidèles. Ces gentilhommes, obligés à

______
[1] Laboulaye, I, pag. 337.

d'excessives dépenses, engageaient souvent tous leurs biens, ou la plus grande partie; c'est pourquoi il eût été injuste et préjudiciable aux intérêts de la femme de lui faire payer les dettes d'une communauté, dont elle n'avait jamais eu l'administration.

La plupart des anciennes coutumes prescrivaient les symboles qui accompagnaient l'acte de renonciation.

Monstrelet (1) dit que Philippe I, duc de Bourgogne, étant mort en 1363, sa veuve « *renonce à ses* « *biens meubles, craignant ses dettes, en mettant sur* « *la représentation sa ceinture avec sa bourse et* « *ses clés, comme il était de coutume, et elle en* « *demanda acte à un notaire public.* » La veuve de Walleran, comte de Saint-Pol, d'après ce même auteur, pratiqua scrupuleusement ces actes symboliques : « *La veuve jeta sa bourse et ses clés sur la* « *fosse ou sur la représentation de son mari, pour* « *marquer qu'elle ne retenait rien de sa maison.* » (2)

Il est fait mention de cette formalité, dans plusieurs coutumes, telles que celles de Meaux, Chaumont, Vitry, Laon, Châlons et autres ; cet usage, néanmoins, ne fut pas très longtemps en vigueur. La forme exigée pour la validité de la renonciation était d'être faite au greffe ou devant notaire, et qu'il en restât minute.

----

(1) Chronique, VI. I. LI. Ch. XVIII.
(2) Chronique, Ch. XXXIX.

Ce privilège qui paraît avoir été accordé aux veuves des nobles, peu après les croisades [1], fut étendu par l'ancienne coutume de Paris (a. 115), aux veuves des roturiers, et devint par la suite, de droit commun.

* * *

Autrefois, les réparations civiles, ou confiscations prononcées contre le mari, se prenaient sur toute la communauté indéfiniment ; mais, suivant des lettres du 26 décembre 1431, données par Henri VI, roi d'Angleterre et soi-disant roi de France, il fut accordé en faveur des bourgeois de Paris, « *que la* « *moitié de la femme en la communauté ne serait* « *pas sujette aux confiscations prononcées contre le* « *mari.* »

Quelques coutumes, comme celles de Bretagne, donnaient seulement une provision à la femme sur les biens confisqués. Dumoulin s'éleva fort contre cet abus ; et c'est peut-être ce qui a donné lieu à l'arrêt de 1532, qui a jugé que la confiscation du mari ne préjudicie pas aux conventions de la femme, ni même à son droit en la communauté.

[1] *Le grand Coutumier*, L. II, Chap. XXXI.

La confiscation prononcée contre la femme ne comprenait que ses propres, et non sa part en communauté, qui demeurait au mari, par non décroissement. A l'égard des amendes et des réparations civiles et des dépens prononcés contre la femme, même en matière civile, lorsqu'elle n'avait point été autorisée par son mari, ces condamnations ne pouvaient s'exécuter sur la part de la femme, en la communauté, qu'après la dissolution.

IV. — La communauté des biens des époux peut à peine être considérée comme une espèce particulière de société. Ce qui la distingue surtout de la société, c'est que les droits du mari ne sont pas, ici, les droits du chef et de l'administrateur, mais ceux du propriétaire exclusif des effets compris dans la masse commune. La femme, n'a que le droit éventuel, suspendu jusqu'au moment de la dissolution de la communauté, où elle acquiert la moitié de ce qui se trouve alors dans la masse commune. Tant que le mariage dure, ou, à proprement parler, tant que la communauté existe, la femme n'est pas vraiment associée, elle n'a que l'espérance de le devenir un jour ; *non est proprie socia sed speratur fore*, comme dit Dumoulin.

* *

Dans la communauté coutumière, entrent d'abord tous les meubles qui appartiennent aux époux, au moment du mariage, et ceux qu'ils acquièrent plus tard à un titre quelconque. Tombent encore en communauté, les immeubles acquis par le mari ou par la femme, durant le mariage, à l'exception des immeubles obtenus à titre de succession ; enfin les revenus des immeubles propres à chacun des époux, perçus avant la dissolution de la communauté.

Par conséquent, les immeubles acquis par l'un des époux avant le mariage, ou obtenus plus tard à titre de succession, n'entrent pas dans la masse commune et restent la propriété exclusive de chacun.

A côté de l'actif, la communauté présente aussi ses charges, c'est-à-dire son passif. Elle est d'abord tenue aux dettes mobilières, dont chacun des époux était débiteur, au temps où s'est célébré le mariage ; car, absorbant tous leurs meubles, elle devient responsable des charges qui s'attachent à la masse mobilière.

La masse commune supporte toutes les dettes contractées par le mari durant la communauté, à l'exception de celles qui l'ont été dans son intérêt personnel, ou provenant d'une dotation faite par le mari à son enfant né du premier lit. Les dettes contractées par la femme ne tombent à la charge de la communauté, qu'autant que le mari l'a autorisée à les contracter, soit expressément, soit tacitement.

Enfin la communauté doit supporter les charges du ménage, de l'éducation des enfants, et comme usufruitière des immeubles propres des époux, elle est obligée de les conserver en bon état.

Tel est l'ensemble de l'actif et du passif de la communauté coutumière ; mais les époux pouvaient en modifier la composition, dans le contrat de mariage, principe de la législation qui fit naître une multitude de communautés distinctes de la communauté légale. Les plus importantes des communautés conventionnelles sont passées dans le Code Napoléon.

*
* *

Le mari est toujours maître et seigneur de la masse commune ; toutefois, il ne peut en disposer pour faire des donations à ses enfants du premier lit ou naturels, à ses ascendants ou parents collatéraux ; s'il faisait de telles donations, il devrait *récompense* à la masse commune. Il est bon de remarquer que le mari ne peut absorber, épuiser l'actif de la communauté que par des actes qui ont leur effet de son vivant, et que, par testament, il ne peut disposer que de la moitié de la masse commune ; car le testament n'a aucune force avant la mort du testateur ; et, à ce moment, le mari n'est plus le propriétaire de toute la communauté, qui, par sa mort est dissoute définitivement : *Le mari vit comme maître et meurt comme associé.*

De ce principe, que le mari durant la communauté est considéré comme le propriétaire exclusif des biens composant la masse commune, il résulte que c'est lui seul qui peut intenter toutes actions en justice ou y défendre, alors même que l'action a été intentée par la femme ou contre elle, à une époque antérieure du mariage. A plus forte raison, rien ne peut être entrepris que par le mari ou contre lui, à partir du mariage.

*
* *

La communauté demeure dissoute, soit par la mort naturelle ou civile de l'un des époux, soit par la séparation de biens prononcée par la justice.

Alors seulément la femme reprend ses droits suspendus ; et la loi, ne pouvant équitablement la rendre responsable de la mauvaise gestion de son mari, lui a accordé, dans la législation, divers avantages.

La communauté est divisée en parties égales, entre le mari ou la femme, ou leurs héritiers. Toutefois, la femme et les héritiers ont la faculté de *renoncer*, selon qu'ils jugent la communauté avantageuse ou onéreuse. La femme prélève tout d'abord, sur la communauté, la valeur totale de tous ses biens propres, ou leur prix de vente. Si les biens de la communauté ne suffisent pas pour payer les créances de la femme, celle-ci a le droit de se les faire payer sur les biens du mari.

La femme, acceptant la communauté, est seulement responsable de la moitié des dettes grevant la masse commune ; le mari, au contraire, et ses héritiers répondent, non-seulement de la totalité des dettes contractées par le mari avant le mariage, mais encore de celles nées durant le mariage. Ils sont même tenus de payer la moitié des dettes contractées personnellement par la femme avant son mariage, ou qui proviennent des successions qui lui sont échues pendant la communauté.

La femme ne peut être obligée à payer la dette entière de la communauté, que dans le seul cas où cette dette est hypothéquée sur un immeuble conquêt de cette communauté, qui lui appartient personnellement.

*
* *

Les biens propres de la femme restent en dehors de la masse commune. Comme nous l'avons dit, les propres se composent uniquement des immeubles acquis avant le mariage, ou détenus depuis à titre de concession, et du prix de ces immeubles, lorsqu'ils sont vendus durant la communauté. Quoique ces biens soient la propriété actuelle et exclusive de la femme, ils ne restent pas sous son administration personnelle. Le mari, comme maître et chef de la communauté, a l'administration et l'usufruit *(Bail et Gouvernement)* de tous les biens de la femme durant la communauté, et les revenus qu'il en a perçus lui appartiennent.

Néanmoins, le mari n'étant ici que l'administrateur et l'usufruitier, *baillistre, gouverneur et administrateur,* ne peut faire sans la femme aucun acte, qui aurait pour but et pour effet la disposition définitive de la chose, et ne peut ni aliéner, ni grever d'hypothèque ses biens propres, de même qu'il ne peut pas seul procéder en justice, dans les causes qui concernent la fortune personnelle de la femme.

V. — Telle était, en général, la situation réciproque des époux vivant en communauté, sous le rapport pécuniaire. Cette communauté est le seul régime matrimonial né et développé chez les peuples chrétiens qui, par son organisation tout à fait originale et par l'harmonie du système, peut être comparé favorablement au régime dotal, fruit de la jurisprudence romaine. Mais donne-t-elle la solution de ce problème légué par le monde antique à la nouvelle société ? Répond-elle à l'idée principale du mariage et accorde-t-elle à la femme épouse les droits qui lui sont dûs ?

Voilà les questions auxquelles nous essayerons de répondre.

Personne ne niera que la communauté ne soit, pour les époux unis par les liens les plus intimes, le régime qui se prête le mieux à l'union de leurs intérêts matériels.

La communauté coutumière surtout, qui produit la confusion des meubles et confère aux conjoints le droit de participer d'une manière égale aux acquêts gagnés pendant la vie commune, semble être le régime le plus conforme à l'essence de l'union conjugale ; car, fondé sur l'idée de l'égalité des époux, partant de cette pensée que le travail et les soins de chacun d'eux ont même valeur, elle leur assure à chacun la même part d'acquêts, les soumet à une responsabilité égale pour les dettes, ne permet pas à l'un de s'enrichir aux dépens de l'autre, ce qui aurait pu arriver souvent, si leurs biens se fussent complétement confondus. Nous ne pouvons ici omettre une remarque. En étudiant cette organisation de la communauté coutumière, notre esprit involontairement se reporte à son origine, aux temps et aux peuples qui assistèrent à sa naissance. Elle devait se trouver là où il n'y avait aucune fortune, où les vêtements, les meubles de ménage, les instruments agricoles ou d'artisans, et où, surtout, le travail présentait le seul fonds, le seul capital des familles. C'est donc dans la classe pauvre, dépouillée de propriété immobilisée, vivant du travail de ses mains, à qui parlait le christianisme, cette religion du pauvre et de l'opprimé, c'est, dis-je, dans cette classe, que la femme parvint à s'affranchir d'abord de cette inégalité de situation fondée sur l'idée de l'infériorité de son sexe, situation à laquelle l'avait condamnée le *mundium* germanique, et de subordonnée qu'elle était jusqu'alors au mari, elle devint sa compagne.

Aussi, sommes-nous convaincus que la communauté coutumière primitive ne fut pas très différente de celle qui nous est parvenue, et ne doutons-nous pas qu'alors la femme eut des droits égaux à ceux du mari, non-seulement après la dissolution de la communauté, mais aussi pendant sa durée. Et ce n'est que depuis que la communauté de l'état d'usage et de coutume passa à l'état de loi écrite, quand elle est devenue le droit de la haute société, — de cette classe où la chevalerie, en rendant hommage à la beauté, proclama en même temps la faiblesse et l'impuissance de la femme, et se posa comme son défenseur, — quand la communauté, dis-je, passa sous la plume des jurisconsultes du XVIe siècle, prévenus d'une manière étrange contre les femmes, quand un homme comme d'Argentré les qualifiait d'un nom que nous avons honte de traduire [1], alors la communauté a perdu sa simplicité primitive et s'est transformée en cette institution compliquée, dont les anomalies frappantes ne peuvent s'expliquer que par l'influence éloignée de l'ancien *mundium* germanique.

En effet, d'où vient que le mari, associé, disons même chef et administrateur de l'association conju-

---

[1] *Sunt enim in hoc animante*, dit d'Argentré, *effrenes motus, efferata iracundia, impetus concitat, magna concilii inopia et imbecillitas judicii, superbia indomita, sexus ipse ad commercia et frequentandos hominum cœtus inhabilis, et multis insidiis obnoxius.* (Sur Bretagne, art. 410, glose 2.)

gale, par l'ordre naturel des choses, est considéré
comme le propriétaire exclusif de tout ce qui entre
dans la composition de la masse commune ? De
quel droit peut-il disposer de la communauté selon
sa volonté, sans s'inquiéter si ses actes sont nuisibles ou non aux intérêts de la femme, qui, néanmoins, est sa compagne et son associée jusqu'à con-
currence de la moitié de la masse commune ? D'où
provient cette fiction de la loi, cette société étrange ?
Evidemment elle n'était pas empruntée à ces associations, rurales dont nous parlions précédemment.
Et ce n'est pas le droit romain qui lui a fourni cette
organisation originale ; au contraire, partout où la
communauté se développe sous l'influence des idées
romaines, elle présente une société civile soumise
aux règles ordinaires.

On ne peut expliquer cette anomalie qu'en y voyant
une conséquence du *mundium* germanique : c'est lui
qui, consacrant la supériorité du sexe, s'oppose à
ce que le mari voie restreindre son action, si peu
que ce soit, par les droits de la femme, de telle sorte
qu'il soit obligé de prendre son consentement pour
procéder aux actes qu'il juge bons et nécessaires.
Le même *mundium* produit encore d'une manière
absolue l'incapacité juridique de la femme mariée.
Quoique étant associée, elle n'oblige pas la commu-

nauté et même elle ne peut s'obliger personnellement sans l'autorisation du mari. Ne nous abusons
pas sur le motif de cette incapacité. Ce n'est pas
dans l'intérêt de la femme qu'on l'a déclarée incapable, ni dans le but de la protéger et de la sauver des pertes auxquelles elle pourrait être exposée
par son inexpérience, ou par la mauvaise foi de la
partie contractante. Non, le mari ne joue pas ici le
même rôle que le tuteur à l'égard du mineur. L'autorisation maritale n'est pas exigée comme un élément de sécurité, de garanties des droits de la
femme, mais comme un attribut de la puissance
qu'il a sur elle, comme l'attribut et la conséquence
de son *mundium*.

Il n'est pas nécessaire d'aller chercher bien loin
la preuve de ce caractère différent : nous la trouve-
rons tout de suite dans la force de l'obligation contractée par la femme non autorisée et de celle contractée par le mineur qui agit sans tuteur. L'obligation
du mineur, quoique contractée sans autorisation,
n'est pas, en principe, nulle ; elle peut être annulée
seulement, si elle entraîne une lésion, et encore sur
sa demande. Donc, tous les actes avantageux pour
lui sont valables et conservent leur force complète.
Au contraire, tous les actes juridiques, accomplis
par la femme sans autorisation du mari, sont nuls,

ipso jure, sans avoir égard à la circonstance qu'ils lui auraient été avantageux ou nuisibles.

Le mineur qui atteint sa majorité, peut valider les actes faits en minorité par la simple confirmation, tandis que les actes de la femme non autorisée, même confirmés par la veuve, ne deviennent jamais valables. C'est donc ici que la règle : *Quid initio vitiosum est, tractu temporis convalescere non potest,* trouve son application complète. La communauté coutumière, subissant l'influence du *mundium,* a cessé d'être pendant sa durée, une communauté proprement dite, et ce n'est qu'au moment de sa dissolution, qu'elle retrouve son caractère primitif. On essayait de compenser les droits exorbitants du mari, sur la communauté, en accordant aux droits de la femme le privilége de la préférence au moment de la liquidation. De là, découle le système des reprises et des récompenses, qui néanmoins ne suffit pas pour empêcher les conséquences fâcheuses que la prépondérance du mari peut amener, au point de vue de la situation matérielle de la femme.

Quoiqu'il en soit, oubliant pour un moment la possibilité des abus de la part du mari, la communauté coutumière a ce grand mérite qu'elle assure non seulement aux époux, mais aussi à leurs héritiers, une part égale dans les gains qu'ils acquièrent par leur travail, pendant la vie commune ; et de plus qu'à la mort de l'un des époux, mort qui seule peut dissoudre cette union, l'autre, outre les profits matériels, a au moins cette consolation dans son deuil, qu'il n'est pas forcé de rompre avec les habitudes de toute sa vie, et par suite, avec des souvenirs également chers à son cœur.

Jusqu'à la fin du XVIIIe siècle, la tradition coutumière fut respectée, dans les pays coutumiers, bien entendu. Car les provinces de droit écrit, qui avaient subi avec le plus d'intensité la domination romaine, conservèrent le droit du vainqueur.

TROISIÈME PARTIE

Révolution. — Code civil

Nous avons vu l'élément germanique, l'esprit romain, l'Église et la tenure féodale du sol se rapprocher et se fondre dans le travail lent mais incessant des siècles ; les classes diverses de la société française se rapprocher et souvent se confondre ; le bourgeois posséder fréquemment la terre féodale et avoir le noble pour vassal ; les nobles prendre à la constitution domestique des roturiers le douaire à moitié et la communauté conjugale ; les roturiers emprunter à l'organisation de la famille noble tous les moyens propres à perpétuer la puissance et à concentrer la richesse.

Le principe de l'égalité et de la fraternité des hommes, proclamé par la philosophie du Portique d'abord, par le christianisme ensuite, le principe de la liberté humaine, éclos de la philosophie des derniers siècles de la civilisation européenne, passèrent désormais dans les lois et reçurent leur application dans l'organisation publique et domestique de la nation. Enfin, la grande idée d'unité déjà rêvée par Louis XI (1) et que la France avait poursuivie sans jamais pouvoir l'atteindre, la Constituante de 1789 la réalisa, ou en jeta les bases. Plus de distinction de provinces, plus de pays coutumier et de droit écrit, plus de diversité dans la loi ; avec le même code, les mêmes poids et mesures, la même monnaie, la même administration : voilà comment la France sortit du creuset révolutionnaire.

Dans les lois civiles et surtout dans celles qui organisent les rapports de la famille, l'effet principal, dominant de la révolution, fut l'application des idées de liberté et d'égalité, mais surtout de la dernière, car le cri de ralliement, auquel les États généraux furent convoqués, avait été formulé par Mirabeau :

« *Guerre aux privilégiés et aux privilèges, voilà ma devise !* »

Mais on ne tarda pas à exagérer ces principes vrais en eux-mêmes. Ce fut l'époque de 1792 à 1795.

(1) Philippe de Commines, édition de *Godefroy*, p. 399.

Tandis que les lois émanées de la constituante respiraient l'égalité du droit et de la raison (1), celles de la seconde période révolutionnaire sont dictées par cette égalité matérielle, impitoyable, qui veut tout accabler sous son niveau, et que Vergniaud a si justement comparée au lit de Procuste.

La troisième époque de la révolution, celle du Directoire, époque de transition, durant laquelle des lois réparatrices furent votées dans l'ordre civil, abolit les dispositions rétroactives ou exceptionnelles, que l'exagération des idées de liberté et d'égalité avait produites quelques années auparavant (2).

Enfin, arrive le Consulat, période de réconciliation dans l'ordre politique et d'organisation définitive dans l'ordre civil.

Deux jours après le 18 brumaire, le ministre de la Justice annonce « *qu'on va préparer dans le* « *calme de la méditation et discuter avec sagesse* « *les codes établis sur les bases immuables de la* « *liberté, de l'égalité des droits, du respect de la* « *propriété.* » (3) Ce sont les principes de 1789 auxquels la France revient ; et les consuls, à l'occa-

---

(1) « C'est dans la raison, s'écriait Mirabeau, l'homme des idées de 89, qu'il faut chercher les droits de la nation ; ses droits sont anciens comme le temps et sacrés comme la nature !... il n'y a d'immuable que la raison et elle détruira bientôt toutes les institutions vicieuses ! »

(2) *De l'organisation de la famille en France*, par M. KŒNIGSWARTER.

(3) *Adresse de Cambacérès au ministre de la Justice, du 20 brumaire, an VIII.*

sion de la nouvelle constitution du 22 frimaire, an VIII, proclament à la face du pays ces paroles mémorables : « *Citoyens, la révolution est fixée aux* « *principes qui l'ont commencée ; elle est finie !* » (1)

*
* *

« *Le Code Civil, riche des lumières combinées de* « *l'école romaine et de l'école française* — a dit « M. Laferrière — *est un code essentiellement* « *civilisateur. Il renferme trois caractères : tradition* « *des anciens principes ; transaction entre les cou-* « *tumes et le droit romain; originalité puisée dans* « *les idées de la révolution de 89.* » (2)

Puissant instrument de l'unité et de l'influence françaises, par lequel nous avons régné plus loin et d'une manière moins éphémère que par nos armes, le Code Civil français, la plus grande œuvre législative qui ait été accomplie, vint niveler toutes les diversités existantes, établir l'unité dans la législation civile et publique, et fit de la communauté

(1) *Proclamation des consuls du 24 frimaire, an VIII.*
(2) *Histoire du droit français,* II, p. 549.

coutumière le régime de droit commun, par lequel furent réglés les rapports pécuniaires des époux, lorsque ces époux se mariaient sans contrat.

La communauté, telle que l'avaient établie les coutumes, lors de leur réformation, s'est maintenue dans nos lois sans altération sensible. Cette législation, depuis quatre siècles, a répondu suffisamment aux idées et aux besoins de l'époque, et je ne sache pas de jurisconsulte, dit M. Laboulaye, qui l'ait sérieusement attaquée.

L'objet des plaintes les plus graves, dans les anciennes législations, était la diversité des usages qui, dans toute l'Europe, variaient de province à province et souvent d'une ville à une autre. Cette diversité amenait des complications et des difficultés inouïes. Une seule question, aujourd'hui fort rare heureusement, celle de la réalité des statuts, embrouillait la jurisprudence au plus haut degré et il n'y avait guère de mariage entre deux époux de villes différentes qui ne contînt le germe d'un procès.

En France, avec une loi unique, ces difficultés de l'ancienne jurisprudence se sont évanouies ; mais il est resté, néanmoins, dans le Code Civil, une diversité qui, peut-être, va mal avec l'esprit de nos institutions modernes ; je veux parler de ces mille clauses d'exclusion du mobilier, d'apports francs et quittes, de préciput conventionnel, de part inégale dans la communauté, de séparation de biens, etc. etc. ; ces stipulations admises par nos vieilles coutumes, qui entouraient le contrat de mariage d'une faveur extraordinaire, ont été conservées par le Code Civil, qui avait à ménager mille intérêts divers (1) ; mais elles ne semblent incompatibles ni avec cette simplicité qui fait la force de la loi et conserve l'unité des familles, ni avec cet esprit d'égalité, qui fait le fond de nos sociétés modernes.

Le Code Civil, comme œuvre de transition, est le plus beau monument législatif que jamais peuple ait élevé ; mais grâce au développement du principe nouveau, dont il a déposé dans nos sociétés modernes le germe fécond, le temps n'est pas loin, peut-être, où le législateur sentira la nécessité de débarrasser ce bel édifice de ces quelques institutions conservées pour s'accommoder aux exigences de nos pères, mais qui aujourd'hui ne sont que lettre morte et un embarras dans la législation.

La communauté du code ne diffère donc que fort peu de la communauté coutumière.

Dans les deux projets du Code Civil, présentés par Cambacérès à la Convention, l'un, dans la séance du 9 août 1793, l'autre, dans la séance du 23 fruc-

(1) LABOULAYE. — Lire la *discussion du Code Civil* à ce sujet.

tidor an II, la femme devient l'égale du mari dans l'administration des biens.

Premier projet (Titre III, art. 11). « *Les époux* « *ont et auront un droit égal pour l'administration* « *de leurs biens.* »

Deuxième projet (art. 44). « *Il y a communauté de* « *biens entre les époux et droit égal à leur admi-* « *nistration, s'il n'en a été autrement convenu.* »

Un troisième projet fut présenté par Cambacérès après thermidor. Ce projet supprime l'administration commune, mais en laissant encore à la femme une grande liberté d'action. « *S'il est convenu qu'il* « *n'y aura pas de communauté, et que les époux* « *n'aient pas autrement réglé leur union, la femme* « *conserve la libre administration de ses biens. Elle* « *peut aliéner des immeubles sans le consentement* « *de son mari.* » Tel est le texte de l'art. 190 de ce nouveau projet.

*
* *

C'est aux Codes sortis de la Révolution française que revient l'honneur d'avoir proclamé, les premiers, l'égalité des deux sexes. Et cependant n'est-ce pas une vérité nécessaire, qui a toujours été vraie, et qui le sera toujours, que la femme est l'égale de l'homme [1]; que pétrie du même limon que lui, elle a reçu comme lui une étincelle divine [2], une âme et une intelligence susceptibles des mêmes facultés? Parti de ce principe, le Code Civil a accordé pleine capacité civile à la fille majeure et à la veuve, et soumis, en même temps, la femme mariée à une incapacité temporaire, indépendante du sexe, mais liée au fait même du mariage et hors du mariage. Cette incapacité doit-elle être, maintenant, modifiée ou radicalement abrogée? A notre avis, le principe même de l'incapacité doit être maintenu, mais il doit être modifié pour se rapprocher, autant que le permet l'imperfection humaine, de l'idéal vers lequel la loi doit toujours tendre.

Il est d'absolue nécessité que, dans toute association, il y ait un chef: depuis l'Etat jusqu'à la famille, il faut qu'une autorité régisse toute société.

L'homme est de droit le chef de la famille; la femme, unissant sa destinée à celle de l'homme, contracte, par là même, l'engagement tacite de se soumettre à lui.

Voilà donc établi le principe de la puissance ma-

[1] *Et erunt duo in carne unâ.* — GENÉSE.
[2] ..... *particulam undique, Deseclam.....* — HORACE, Odes, Livre I, XVI.

ritale, de l'autorité que doit exercer le chef sur tous les membres de la famille. Et c'est là un principe de morale, bien que le Code en ait fait un texte de pur droit positif. (Article 213).

Mais en présence de l'autorité maritale, quel que puissante qu'elle doive être, il ne faut pas laisser complétement de côté le principe de l'égalité des deux sexes. Or, on peut reprocher au Code d'avoir quelquefois complètement sacrifié la capacité de la femme à l'autorité maritale (1).

Ainsi, nous ne pouvons admettre que lorsque la séparation de corps a été prononcée contre le mari, la loi oblige encore la femme à obtenir l'autorisation maritale. Il est immoral que le mari, qui vient de fouler aux pieds tous ses devoirs conjugaux, conserve encore les prérogatives de son titre : le code accepte cette déchéance, quand le mari a encouru une condamnation infamante, pourquoi ne l'accepterait-il pas dans le cas de séparation de corps prononcée contre lui ? Il est encore illogique que la femme soit obligée d'obtenir l'autorisation maritale, quand elle contracte directement avec son mari, ou même conjointement avec lui.

Le mari devient alors un adversaire, et un adver-

______

(1) Art. 213 : « La femme doit *obéissance* à son mari. » — Dumoulin disait autrefois des femmes normandes : « *In Neustris mulieres sunt ut ancillæ.* »

saire plus redoutable qu'aucun autre, par les moyens d'influence dont il dispose ; c'est lorsque la femme devrait être protégée avec le plus de sollicitude, que le code la protége le moins ! Et je n'attaque en rien la puissance maritale, car l'histoire nous montre, que les législations où cette autorité a été le plus rigoureusement établie, sont celles, précisément, où la femme a joui de la capacité la plus grande et des droits les plus étendus.

En résumé, le Code Civil a suivi, à notre avis, une ligne indécise et peu logique (1), en sacrifiant ici la liberté relative dont la femme doit jouir, au principe de la puissance maritale ; là, au contraire, en laissant la femme sans défense, alors qu'il aurait dû la protéger plus efficacement, vu l'idée qu'il laisse percer dans certaines dispositions, que la femme est inexpérimentée et par conséquent doit être protégée (2).

Nous proposerions donc des modifications importantes au système du code, de façon à combiner, à l'avantage des deux conjoints et, par suite, de l'association conjugale, le principe de la puissance

(1) « La condition de la femme sans cesse agitée, mais jamais épuisée, cent fois tranchée, mais toujours renaissante, semble avoir reçu toutes les solutions et en redonne cependant tous les jours de nouvelles. » M. GIDE, *Etude sur la condition privée de la femme.*

(2) « La femme mariée, offre en France le spectacle d'une reine asservie, d'une esclave à la fois libre et prisonnière. » BALZAC, *Etudes philosophiques.*

du mari et celui de la capacité naturelle de la femme.

Voici quels seraient nos desiderata :

— Que la femme ne pût contracter, ester en jugement, acquérir ou aliéner à titre gratuit, sans l'autorisation de son mari ; mais avec ce tempérament que l'autorisation pût être générale.

— Que la justice intervint à bref délai pour donner l'autorisation quand le mari la refuse. Ainsi, le Président pourrait être substitué à la chambre du conseil.

Les juges de paix à compétence étendue, en Algérie, n'auraient pas qualité pour rendre des ordonnances de cette nature.

— Que lorsque le mari est mineur, interdit, absent, ou sans résidence connue, en un mot, lorsqu'il est dans l'impossibilité légale ou matérielle de donner l'autorisation, la femme fut autorisée — dans les conditions énoncées ci-dessus — à agir seule.

Dans le cas où la femme serait elle-même mineure, les dispositions de la loi civile relatives aux conseils de famille resteraient applicables.

— Faculté pour le Tribunal dans les jugements de séparations de corps ou de biens, de lui donner d'office la libre disposition de ses biens sans l'assistance de son mari.

— Que l'action en nullité, pour défaut d'autorisation, ne pût pas être intentée par la femme.

Et, dans le cas où l'action serait intentée par le mari ou par les tiers, que le tribunal eut la faculté d'apprécier si l'acte passé par la femme doit-être annulé ou maintenu.

— Ces réformes ne répondraient pas moins aux besoins de la pratique, qu'aux exigences logiques de la théorie. N'y aurait-il pas utilité évidente, dit M. Gide (1), à ce qu'un mari appelé par ses affaires à de lointains voyages, put, en partant, laisser à sa femme, par une autorisation générale, le pouvoir d'acheter ou de vendre, suivant les besoins du ménage, et de régler, suivant les circonstances, les clauses d'un contrat ? — La nécessité d'une intervention incessante de la justice, en cas d'absence ou d'incapacité du mari, ne devient-elle pas souvent, pour le ménage privé de son chef, un surcroît d'entraves et d'embarras ?

Et, n'y a-t-il pas une contradiction flagrante à ce que la femme tutrice de son mari interdit, ou gérant la communauté pour son mari absent, jouisse de droits plus étendus sur les biens de son mari, ou sur les biens de la communauté, qu'elle n'en a sur ses biens propres ? Enfin, n'est-il

____

(1) *De la condition privée de la femme.*

pas contraire aux notions les plus élémentaires de la justice, de permettre à une femme, qui a contracté librement et en pleine connaissance de cause, d'attaquer elle-même son contrat, sous prétexte que son mari, ne l'a pas autorisée, ou ne l'a autorisée qu'après coup ?

Les modifications que je viens d'indiquer ont été en partie adoptées dans le nouveau code italien ; et leur application, fondée sur la saine raison et la logique, a produit les meilleurs résultats.

Il appartient à la France de ne pas rester en arrière : son Code a certainement une supériorité marquée sur la législation des autres nations européennes ; mais elle ne doit point oublier cette parole du premier consul au Conseil d'État :

Les lois sont faites pour les mœurs, et les mœurs varient.

INDEX ALPHABÉTIQUE

DES AUTEURS CONSULTÉS

A

B

C

G

H

J

K

L

M

S

T

V

Z

W

TABLE DES MATIÈRES

ORAN. — IMPRIMERIE P. PERRIER, BOULEVARD OUDINOT, 15

www.ingramcontent.com/pod-product-compliance
Ingram Content Group UK Ltd.
Pitfield, Milton Keynes, MK11 3LW, UK
UKHW021740090726
13657UKWH00002B/824